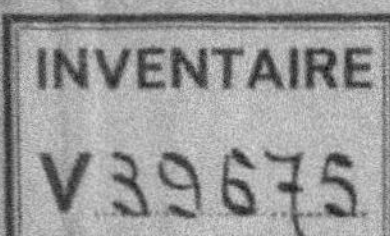

LA

STÉRÉOCHROMIE

PEINTURE MONUMENTALE

Par le Dr J.-N. FUCHS, de Munich.

TRADUITE DE L'ALLEMAND

PAR L. D.

Avec le concours de ses amis G., S., G., et W.

ET PRÉCÉDÉE DE QUELQUES NOTES

SUR LA

SILICATISATION

APPLIQUÉE

A LA CONSERVATION DES MONUMENTS

PAR LÉON DALEMAGNE.

PARIS

CHEZ BANCE, ÉDITEUR 13, RUE BONAPARTE.	CHEZ LE TRADUCTEUR RUE DE SEINE, 43.

1861

LA

STÉRÉOCHROMIE

PEINTURE MONUMENTALE.

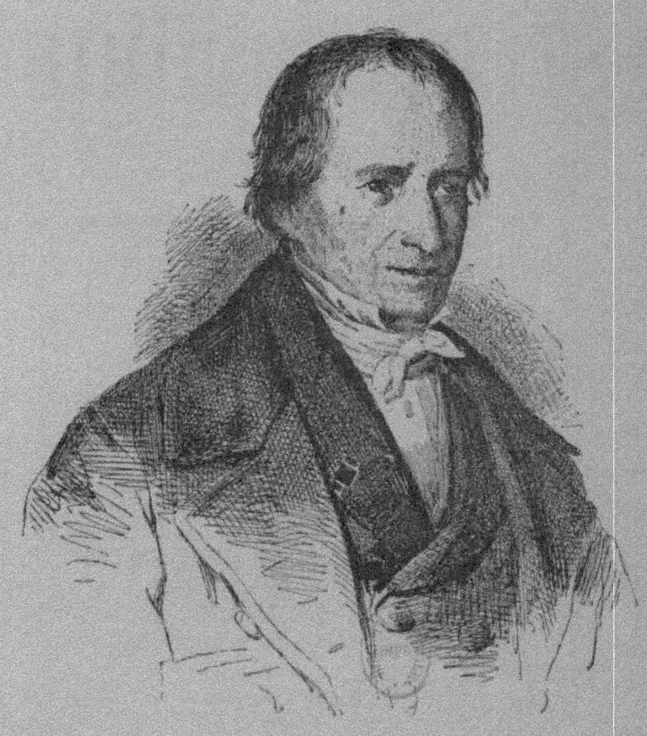

La science est l'étoile polaire de la pratique ; et sans celle-là, celle-ci s'égare facilement dans l'empire obscur et sans bornes de la possibilité.

FUCHS.

LA

STÉRÉOCHROMIE

PEINTURE MONUMENTALE

Par le Dr J.-N. FÜCHS, de Munich,

TRADUITE DE L'ALLEMAND

PAR L. D.

Avec le concours de ses amis G., S., G., et W.

ET PRÉCÉDÉE DE QUELQUES NOTES

SUR LA

SILICATISATION

APPLIQUÉE

A LA CONSERVATION DES MONUMENTS

PAR LÉON DALEMAGNE.

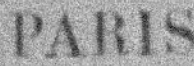

PARIS

CHEZ BANCE, ÉDITEUR
13, RUE BONAPARTE.

CHEZ LE TRADUCTEUR
RUE DE SEINE, 43.

1861

NOTE
SUR LA SILICATISATION

APPLIQUÉE

A LA CONSERVATION DES MONUMENTS

D'APRÈS LE SYSTÈME DE FUCHS

PAR LÉON DALEMAGNE.

A

MONSIEUR E. VIOLLET LE DUC,

ARCHITECTE DU GOUVERNEMENT,

INSPECTEUR GÉNÉRAL DES ÉDIFICES DIOCÉSAINS.

MONSIEUR,

Si la Silicatisation, découverte par Füchs, est arrivée dans le domaine des faits pratiques, c'est parce que vous aviez compris qu'elle était une chose bonne et utile. En protégeant mes premiers travaux après avoir encouragé nos premiers essais, n'avez-vous pas résolu le problème de la conservation des monuments, puisqu'il est possible aujourd'hui de les mettre à l'abri des injures du temps?

Vous m'aviez donné la confiance dont j'avais besoin pour persévérer dans la voie où je m'étais engagé : en marchant sous votre habile direction, j'ai travaillé pour atteindre le but que je m'étais proposé d'abord; et s'il m'est permis d'aspirer au succès, je dois vous en rendre hommage avec le sentiment d'une profonde reconnaisssance.

LÉON DALEMAGNE.

Paris, ce 1er mai 1861.

AVIS AU LECTEUR.

En 1825, à l'époque où Füchs l'a indiquée[1], si on avait donné à la *Silicatisation* toute l'attention qu'elle méritait, ce savant aurait pu voir son

1. Voir 1° Katsners *Archiv für die gesamecte naturlehre algedraft.* 1825.

2° Erdmann, *Journal für technische und akonomische Chimie*, t. VI, 1825.

3° Dingler, *Polyt. journal*, t. XVII, page 465. 1825.

4° *Abundung über die Bereitung und Anwendung der Wasserglases-Fuchs* (Schrag. Nuremberg, 1825), etc., etc.

On trouve ce dernier Mémoire traduit presque en entier : 1° dans le *Journal des Connaissances usuelles et pratiques* (21e vol., page 127), volume (privé de sa table) existant au Conservatoire des Arts-et-Métiers ; 2° dans l'*Industriel*, journal destiné à répandre les connaissances utiles à l'industrie générale, etc., par MM. Christian et Dubrunfaut, t. V, page 74, 1828, etc., etc.

œuvre cultivée comme il en marquait le désir en faisant connaître son wasserglas (verre soluble). Nul n'aurait osé songer à s'emparer de sa découverte; on aurait, par conséquent, évité le scandale qu'on a vu se produire en France à la suite de nos premières applications, et on aurait épargné à Füchs les plaintes amères qu'il a laissées échapper à la fin de sa carrière. Mais, comme tous les inventeurs, il eut à combattre, et sa modestie le retint à l'étude pendant que l'industrie cherchait à exploiter son invention.

Après en avoir fait l'application à la préservation des bois et décors du théâtre de Munich, il s'adonna presqu'exclusivement à son œuvre d'affection, à sa *Stéréochromie*, heureux d'avoir aussi trouvé quelques amis pour l'aider à en surmonter les difficultés matérielles, et enfin un artiste d'élite pour le comprendre et inaugurer d'une façon éclatante l'art nouveau que son génie avait conçu.

Tandis que Füchs était absorbé par la peinture nouvelle qu'il créait, quelques-uns de ses compatriotes s'occupaient des nombreuses applications de son wasserglas [1], mais aucun n'avait pensé à l'appliquer d'une manière rationnelle à la conservation des monuments, et ce n'est qu'en 1852 que

1. *Nouvelles Observations* sur l'utilité de l'emploi du Wasserglas, par M. E.-F. Anthon (*Prague*, 1840, *imprimé par Spurny*) :

1° Comme enduit contre l'action du feu sur le bois et autres matières inflammables ;

2° Pour la fabrication d'une toile incombustible ;

3° Pour la fabrication d'un émail exempt de plomb (poterie) ;

4° Comme moyen préservatif des bois contre l'influence de la température, ce qu'on appelle le champignon, les vers et la pourriture ;

5° Pour enduire les toits en bardeaux ;

6° Comme moyen de fixer les couleurs de la peinture des chambres et des décors.

7° Pour la fabrication de papiers peints qui peuvent être lavés à l'eau ;

8° Pour remplacer l'huile dans l'enduit du bois ;

9° Comme moyen de çimentation ;

10° Pour remplacer le goudron dans les toits de Dorn (toits en terre glaise).

11° Pour rendre le mortier ordinaire bon à contenir l'eau (pour empêcher l'eau de s'y infiltrer) ;

12° Comme colle ;

13° Comme moyen excellent d'améliorer les constructions en pisé (argile) ;

14° Pour la fabrication des pierres artificielles ;

15° Pour le lavage et l'enduit des vestibules ;

16° Pour la fabrication de l'écume de mer artificielle ;

17° Pour rendre durables les statues de plâtre ;

18° Pour peindre les maisons ;

19° Comme préservatif des métaux, contre la rouille.

Quand on a lu cette nomenclature d'applications que l'auteur fait précéder d'un hommage à Füchs, n'a-t-on pas le droit

cette idée fut authentiquement mise en pratique par nous à Notre-Dame de Paris et au Louvre. L'attention du monde savant fut alors éveillée par ces travaux, et, plus tard, on vit un professeur industriel qui avait abordé la question en 1841, sans avoir rien fait de bon, chercher à établir qu'il était l'inventeur de la Silicatisation, espérant y trouver un nouvel élément de prospérité pour ses usines, qu'il a déclaré être déjà si importantes, en annonçant sa fabrication de silicate à la fin de 1854, après avoir visité notre modeste laboratoire pour y prendre et recevoir toutes les indications capables de l'aider à *organiser dans ses vastes usines la fabrication en grand du silicate de potasse*[1]. Nous serons plus explicite à ce sujet et plus sévère en publiant les autres ouvrages de Füchs.

d'être étonné qu'en 1854 et 1855 on ait été assez hardi pour les répéter et se les attribuer au sein de l'Académie des sciences ? M. le Dr Em. Dingler avait donc raison lorsqu'il écrivait en 1847 : « On a commis un plagiat volontaire. »

Il est regrettable que, depuis, quelques écrivains aient pu, en France, malgré les renseignements fournis, aider à propager une erreur, en donnant quelque apparence de valeur à des prétentions ridicules.

1. Expressions du *Constitutionnel*, 13 décembre 1854. (Article non signé.)

Engagé à réunir les feuilles qui paraissaient dans l'*Ami des Sciences*, j'ai eu l'intention d'y ajouter la biographie de l'auteur par M. le Dr C. G. Kaiser, et un *fac-simile* lithochromique des belles peintures de M. de Kaulbach. Tout cela est possible et sera fait; mais d'une part il faut traduire, et de l'autre il faut attendre l'aquarelle revue par le Maître, et on me presse. En cédant aujourd'hui aux désirs marqués, je ne puis donner que la Stéréochromie, telle qu'elle a paru déjà, en la faisant précéder seulement de quelques observations sur l'altération des matériaux de construction des édifices publics et privés et sur le moyen d'y remédier. Ces notes pourront faire comprendre le travail nécessaire encore pour arriver au but que je me suis proposé : « Éclairer la question, faire reconnaître un inventeur, méconnu volontairement, et lui faire rendre l'hommage qui lui est dû !..... *Suum cuique*... »

L. D.

NOTE

SUR

LA SILICATISATION

APPLIQUÉE

A LA CONSERVATION DES MONUMENTS.

Tous les hommes qui s'intéressent à la conservation des édifices publics ont exprimé le désir de posséder un moyen capable d'arrêter les ravages du temps sur les monuments ; ce moyen existe, je suis heureux de pouvoir l'assurer : il date du jour où Füchs a fait connaître son Wasserglass (que M. Dumas a appelé verre soluble[1]), et quand un savant, M. Boussingault, a déclaré qu'en enlevant aux pierres la surface durcie qui s'est formée naturellement pour les protéger, on facilitait leur décomposition en offrant, selon son langage si

1. *Traité de Chimie appliquée aux Arts*, édition 1828, p. 377 et suivantes.

habilement figuré, un champ fraîchement remué au développement nouveau des mousses et des cryptogames[1]. Il m'est peut-être permis d'ajouter qu'en proscrivant l'usage du grattage à vif et du ravalement des monuments anciens, on ferait disparaître une des causes qui ont déterminé bien des dommages irréparables.

Il n'est pas nécessaire, pour faire apprécier l'importance de la découverte de Fûchs, auteur de la *Silicatisation*, de définir toutes les causes qui concourent à amener la dégradation des monuments; ce serait aborder un travail en dehors de notre sujet, et, tout en revendiquant l'honneur d'avoir fait les premières applications de cette utile invention, je dois me borner à signaler rapi-

1. On voit sur toutes les constructions en pierres de taille une multitude de petites plaques noirâtres qui ressemblent à des taches produites par un corps gras. En les examinant de près, on découvre qu'au centre de chacune de ces plaques il existe une petite cavité dans laquelle se loge un essaim d'araignées microscopiques. Ces insectes tissent leur toile autour de cette cavité, dont les parois sont généralement moins dures que la surface de la pierre, puis la poussière s'attachant à cette toile la rend plus apparente et y entretient une humidité plus prolongée, qui, se combinant avec le travail incessant des habitants presque invisibles de la cellule, devient bientôt une cause d'altération.

dement les altérations les plus communes et les plus sérieuses qui s'y produisent, en indiquant le moyen d'y remédier à peu de frais.

L'action décomposante de l'atmosphère sur les diverses espèces de pierres calcaires employées dans les constructions est tour à tour chimique et mécanique. Elle se produit quelquefois sous la forme d'une pulvérulence générale et régulière ; d'autres fois, ce sont des molécules se désagrégeant comme celles des grès de mauvaise composition et que les gens du métier appellent grès pourris. En un mot, elle varie suivant la composition des matériaux. Ainsi, sur certaines pierres renfermant des veines siliceuses, les parties calcaires se détériorent rapidement, tandis que les premières demeurent intactes, et il en résulte souvent des effets bizarres; on en trouve même qui ont l'apparence d'une ornementation artistique [1].

Il n'est peut-être pas sans intérêt de faire remarquer aussi que l'altération des édifices se

1. On peut observer la plupart de ces phénomènes dans la cour de l'ancien Louvre : on y voit des pierres qui s'en vont en poussière presque impalpable; d'autres n'ayant rien à supporter se désagrègent comme si elles cédaient à l'écrasement; d'autres

manifeste souvent et d'abord dans les parties qui ne reçoivent pas l'eau directement. Par exemple au-dessous des corniches, des entablements [1] et des tablettes de balustrade, et aussi au bas des murailles qui la reçoivent par rejaillissement [2]; mais partout on peut observer que les parties siliceuses résistent à toutes les épreuves.

Il suffit d'examiner avec un peu d'attention les anciens monuments dégradés par le temps pour reconnaître que certaines parties sont profondément altérées, tandis que d'autres sont restées dans un état de conservation satisfaisant. L'analyse de ces matériaux démontrant que les parties qui ont résisté à l'action destructive du

enfin où il s'est formé des vermiculures, ressemblant à celles faites par d'habiles sculpteurs à la galerie du bord de l'eau.

La pierre de Bonneleau employée dans les premières constructions de la cathédrale d'Amiens, et celle de Vernon employée à Rouen, en offrent aussi de forts curieux, etc., etc.

J'ai observé à peu près les mêmes effets en Angleterre, en Belgique et dans toute l'Allemagne; on pourrait donc dire qu'ils se produisent partout.

1. A l'arc de triomphe de l'Étoile, nous avons été frappé de la décomposition de ces parties qui sembleraient cependant devoir être à l'abri des injures du temps.

2. Nous l'avions remarqué au pied des contreforts, sur les terrasses, à Notre-Dame de Paris, etc., etc.

temps sont celles qui étaient les plus riches en silice, tandis que celles qui se sont altérées n'en contenaient que peu ou presque point, il devient évident que l'altération de la pierre est causée aussi souvent par les défauts de sa composition chimique que par les influences atmosphériques. Les architectes savent tous que les pierres siliceuses sont celles qui résistent le mieux à l'action du temps, et ils les emploieraient exclusivement si elles étaient plus abondantes ; la Silicatisation leur offre le moyen d'obvier à cet inconvénient en apportant aux pierres qui en manquent la quantité de silice nécessaire pour les mettre à l'abri de la destruction.

Depuis bien longtemps on a cherché un moyen particulier d'assurer la conservation des matériaux calcaires qui composent la plupart des monuments religieux et publics dont la France est si riche, et la préservation de ceux employés pour leurs restaurations. Ce but n'a été atteint par aucun des moyens successivement proposés et essayés. Seule, la Silicatisation a fait ses preuves sur une échelle assez grande et depuis un temps assez long pour donner toute garantie, et on peut affirmer aujourd'hui qu'elle a résolu le problème. L'action qu'elle exerce sur les matériaux, soit neufs, soit plus ou moins dégradés par le temps, étant une action toute moléculaire, laisse à la pierre son aspect naturel et ne porte pas atteinte, comme peuvent le faire les enduits, même les plus déliés, à la pureté des lignes et des formes, dont elle conserve intacts les contours et les détails les plus délicats [1].

La Silicatisation, en donnant à la pierre, même la plus tendre et la plus altérable, les propriétés des pierres dures les plus résistantes, rend possible la multiplicité des ornements extérieurs, en leur assurant à peu de frais autant et plus de solidité réelle qu'aux mêmes travaux exécutés à grands frais en pierre dure.

Elle offre encore un autre avantage; il mérite d'être signalé. On sait que les pierres calcaires de la meilleure qualité se revêtent spontanément au contact de l'air d'une écorce plus ou moins dure [2], et assez solide pour les protéger jusqu'à

1. Voir le bas-relief et les apôtres du portail de Notre-Dame silicatisés en 1852.

2. Parmi celles qui possèdent cette propriété, on peut citer

un certain point[1]; mais si par suite d'un regrattage ou d'un ravalement cette écorce vient à disparaître, une fois enlevée, elle ne se reforme plus que très-lentement, d'une manière inégale et incomplète. Ces matériaux sont, dans ce cas, bien plus exposés à la dégradation que si on n'y avait

la pierre de Vergelé-Méry (banc royal), que les architectes appellent *pierre franche**. On en trouve à Notre-Dame de Paris, qui date des premières constructions et qui est dans un état de conservation plus satisfaisant que les pierres dures employées à la même époque et même postérieurement. La croûte dont cette pierre s'est revêtue est excessivement mince et n'en a pas détruit la porosité. Il est essentiel de le remarquer, car toutes les parties recouvertes par cette croûte se trouvent encore dans les meilleures conditions, tandis que sur certaines pierres qui se recouvrent d'une croûte imperméable la décomposition marche derrière elle et en provoque la chute partielle; or, cet effet est saisissant quand on examine avec soin les sculptures des portails des cathédrales d'Amiens, de Rouen, etc. J'ai pu aussi l'observer, à Lyon, à la cathédrale Saint-Jean, où j'ai retrouvé aussi des effets analogues à ceux qui m'avaient frappé à l'Abbaye de Westminster et à Saint-Paul, à Londres; devrait-on les attribuer à l'influence des combustibles employés et à celle des brouillards qui règnent si fréquemment dans ces deux villes?

1. Dans quelques contrées, les constructeurs pensent aider à la formation de cette espèce de croûte au moyen d'un badigeon fait avec une solution de la poudre de même pierre.

* On peut aussi le remarquer en Angleterre sur quelques pierres employées aux constructions de l'abbaye de Westminster et du nouveau Parlement.

pas touché [1]. On peut les préserver de toute altération ultérieure en les silicatisant.

Une autre observation trouve ici sa place. Notre époque est celle des grandes constructions publiques et privées; c'est le résultat naturel de l'initiative et de l'impulsion donnée partout par le Gouvernement. A Paris spécialement, le nombre des constructions élevées récemment ou en voie d'exécution dépassant toutes les prévisions, plusieurs des bancs de pierre de taille et autres qui fournissaient des matériaux aux Architectes de la capitale sont épuisés ou près de l'être; il a donc fallu recourir à des bancs nouveaux, dont les propriétés ne peuvent être connues que dans l'avenir, quand les pierres extraites de ces bancs, soit dans les nouvelles carrières, soit à la partie inférieure des anciennes carrières, auront subi l'épreuve du temps [2]. L'analyse chimique com-

1. Cet effet remarqué par M. Boussingault, en provoquant l'observation du savant professeur, prouve l'intérêt qu'il a pris à la question qui nous occupe.

2. La crainte que nous avions exprimée il y a quelques années n'a pas tardé à se réaliser, et déjà en examinant avec soin toutes les grandes constructions nouvelles, on peut remarquer l'altération qui s'y produit de tous côtés. Non-seulement le des-

parée des nouveaux matériaux et de ceux des bancs anciens qui ont montré le plus de résistance, en faisant connaître qu'un bien petit nombre de ces pierres soient réellement solides et durables par elles-mêmes, permet d'assurer que la Silicatisation peut neutraliser tous les inconvénients qui doivent résulter de l'usage de ces matériaux peu étudiés et peu connus, et dont le besoin rend l'emploi inévitable. Résultat immense, puisqu'il peut assurer l'avenir des monuments élevés avec ces matériaux et la préservation de leurs ornements.

Sans entrer dans des détails d'observation qui pourraient paraître en dehors de notre compétence, je puis cependant, après plus de dix ans de pratique assidue, accomplir un devoir en indiquant d'une manière succinte les conditions d'une

sous de toutes les saillies se décompose hâtivement, mais le même effet se produit dans les assises posées immédiatement au-dessus des soubassements ; là on l'attribue généralement à l'humidité provenant du sol. Je pense qu'on devrait aussi l'attribuer à une autre cause : les façades faites en pierres tendres trop fraîchement extraites n'ayant pas ressuyé leur eau de carrière, il arrive, lorsqu'elles sont exposées à la pluie continue poussée par le vent, qu'elles s'imprègnent d'eau qui filtre jusqu'au bas, entraînant avec elle des sels déliquescents qui se fraient alors passage en attaquant les matériaux.

bonne Silicatisation et les effets qui en sont les conséquences[1].

Passant sous silence les soins préparatoires nécessaires, tels que nettoyages et lavages, puisqu'ils

1. En répondant un jour aux nombreuses demandes de renseignements plus intéressées qu'intéressantes, auxquelles le temps ne me permettait pas de satisfaire, je disais : « Je ne « suis ni un savant ni un professeur ; j'ai dû apprendre le peu « que je connais dans une question aussi complexe au prix de « grands sacrifices, et la leçon que j'ai reçue de l'expérience par « rapport à la valeur des hommes et des choses touchant la Silicatisation, après avoir réussi à l'introduire dans le domaine des « faits pratiques, m'oblige à me renfermer dans la réponse que « j'ai faite à la lettre qui m'avait été adressée, le 17 janvier 1859, « par Son Excellence le Ministre de l'Agriculture, du Commerce « et des Travaux publics. »

En voici un extrait :

« Ayant déclaré à Votre Excellence, par une lettre du 31 dé« cembre 1858, que l'expérience acquise par mes travaux ne me « permettrait pas d'accepter, et encore moins de pratiquer les « indications répétées par le rapport de la Commission..., si ces « conditions d'exécution se trouvaient insérées dans quelque « cahier des charges, je dois en donner les motifs... Je le ferai « rapidement, ne m'attachant qu'à l'objet qui m'est spécial, la « *Silicatisation des pierres*. »

Après avoir établi que tous les travaux signalés dans le rapport adressé à Son Excellence sont miens, j'ajoutais : « Exé« cutés à toutes les époques et sous l'influence des diverses « températures, tous ces travaux m'ont appris qu'il fallait non« seulement tenir compte des conditions de l'atmosphère et de « la nature des matériaux, mais encore de celles résultant de « leur position dans les constructions, de leur état de dessica-

ne sont que des accessoires indispensables, je dirai que, pour opérer convenablement : « Il faut « introduire artificiellement et aussi profondé- « ment que possible dans les pores des pierres « la quantité de silice utile ou qui leur manque « dans leur état naturel[1]. On doit obtenir ce ré- « sultat sans détruire la porosité de la pierre et « sans altérer la finesse des sculptures les plus « délicates[2]. »

« tion, etc., etc. Enfin il résulte pour moi, à la suite d'expé- « riences longues et coûteuses, l'obligation d'affirmer que, dans « bien des cas, on ne pourrait obtenir une bonne Silicatisation « en employant du silicate marquant 35° Beaumé, étendu de « deux fois son volume d'eau, comme l'indique le rapport, « parce que, sous l'influence de certaine température et selon « l'exposition des matériaux, l'imprégnation nécessaire ne s'ef- « fectuerait pas ; tandis qu'à la même heure et pour les mêmes « matériaux des mêmes monuments, mais placés dans des con- « ditions différentes, il pourrait ne produire qu'un effet in- « complet*. » (Extrait de l'*Ami des Sciences*, 14 août 1859.)

1. On trouve ce principe dans toutes les indications de Fuchs.

2. Les sculptures de la fontaine des Innocents (nymphes, renommées, bas-reliefs et écussons) dont le nettoyage et la silicatisation ont été confiés à mes soins, peuvent convaincre les incrédules.

* La température exceptionnelle que nous avons eue en 1859 et 1860, depuis que ces notes ont été remises, a pu aider à faire reconnaître la valeur de mes observations, et j'exprime le désir sincère qu'on en ait profité pour apprécier leur importance.

Il suffit d'avoir la moindre notion des analyses pour comprendre de suite combien cette opération, si simple en apparence, peut cependant nécessiter de combinaisons différentes et délicates, et exiger de soins minutieux. Une longue expérience me l'a appris[1].

Une opération bien faite détermine toujours un durcissement qui se produit d'abord à la surface des pierres, puis progressivement à l'intérieur. Cet effet, provoqué par une imbibition profonde, est devenue incontestable. Si on enlève violemment une partie de l'écorce durcie par le temps après l'imprégnation, il suffit d'une légère imbibition de silicate convenablement étendu pour rendre très-promptement à la surface de la partie dénudée un durcissement égal à celui des parties environnantes. Quelques cubes de pierres de banc royal de Méry, de pierre statuaire de Tonnerre et autres mesurant 8, 10 et 12 centimètres de diamètre, silicatisés depuis un an et plus, ayant été

1. Voir l'extrait du compte rendu des séances de l'Académie des sciences (séance du lundi 7 mai 1860). M. Chasles, Président; Membres de la Commission nommée : M. Chevreul, M. le général Morin et M. de Sénarmont.

brisés après avoir été exposés à l'air libre et sur terre, dans un jardin, le durcissement a été trouvé le même à l'intérieur qu'à l'extérieur. Ces différentes pierres étant très poreuses, on doit s'expliquer que le durcissement d'une pierre plus compacte ne peut s'effectuer qu'après un temps beaucoup plus long.

Si, en faisant connaître les résultats obtenus par une bonne Silicatisation, j'observe que ces pierres avaient conservé une partie de leur porosité, c'est parce qu'en la détruisant complétement on les exposerait à subir le mouvement mécanique auquel sont sujettes, dans les changements de température un peu brusques, certaines pierres dures qui se revêtent d'une croûte plus dure encore [1]; on a remarqué que cette croûte, dont l'épaisseur varie depuis 1 millimètre jusqu'à plus de 1 centimètre, se soulève d'abord et tombe bientôt, en découvrant une décomposition déjà avancée; en un mot, en recouvrant les pierres calcaires tendres d'une couche tout-à-fait imperméable,

1. D'autres pierres très-dures, qui absorbent aussi l'eau très-lentement, éclatent sous l'influence de fortes gelées. J'ai surtout remarqué cet effet sur quelques pierres de Belgique, etc.

on s'expose à les rendre gélives et à voir la partie durcie se séparer violemment sous l'influence de certaines températures[1]. Il est donc essentiel d'éviter, avec le plus grand soin, de détruire complétement la porosité à la surface des pierres.

Un homme de science avait exprimé cette crainte; en la rappelant, je crois devoir reproduire les observations faites sur nos premiers travaux par MM. Lassus et Viollet Le Duc, architectes de Notre-Dame de Paris. Voici un extrait de leur rapport, qui porte la date du 2 mai 1853 :

« Nous devons constater : 1° que les imbibitions « de silice faites sur les terrasses et contreforts du « chœur, au mois d'octobre dernier, ont préservé

1. Il m'est arrivé, dans la cour du Louvre, de poser à un prétendu inventeur de Silicatisation des questions provoquées par l'altération de matériaux d'une nature très-résistante, et de le voir garder un silence qui fut pour moi très-significatif (c'était le 27 février 1855); et, en août 1856, pendant que j'exécutais des travaux à une cathédrale de la province, je me trouvai en rapport avec un professeur de chimie, qui me racontait avoir essayé de la Silicatisation sur des pierres tendres (craie à pâte très-fine), d'après certaines indications, et n'avoir réussi qu'à faire une pierre gélive dont la partie durcie s'était séparée sous l'influence des premières gelées. (Extrait des notes publiées dans l'*Ami des Sciences*, le 24 janvier 1858.)

« les pierres imbibées des mousses vertes qui s'at-
« tachent aux pierres placées dans les parties hu-
« mides; 2° que les chéneaux et dallages en pierre
« dure soumis à votre procédé présentent des sur-
« faces sèches, lisses, recouvertes d'une *patine si-*
« *liceuse* qui semble devoir faire disparaître toutes
« causes de décomposition; 3° que sur ces pier-
« res, la poussière, les toiles d'araignée s'atta-
« chent beaucoup moins que sur les pierres lais-
« sées en leur état naturel; 4° que les pierres
« tendres (banc royal de Méry) ont acquis, par
« suite de la *Silicatisation,* une dureté plus grande,
« *que ces pierres ont perdu en partie leur porosité* et
« qu'elles se sont couvertes d'une croûte d'une
« belle couleur, *sans que la silice ait en rien*
« *modifié l'apparence de la taille des parements;*
« 5° que ces pierres, dures et tendres, après avoir
« été mouillées, sèchent plus rapidement que
« celles non soumises à l'imbibition, et qu'elles
« présentent au soleil des surfaces nettes, un peu
« brillantes, ainsi que les pierres calcaires sili-
« ceuses, reconnues comme étant celles qui résis-
« tent le plus à l'action de l'air et de l'humidité;
« 6° que l'emploi de votre liquide ne forme d'ail-

« leurs *aucun obstacle à l'évaporation de l'humi-
« dité contenue dans la pierre, les pores de ces pier-
« res restant ouverts*, mais présentant seulement
« une contexture plus sèche, plus âpre et plus
« ferme.

« En outre, les échantillons de pierre vieille ou
« neuve que vous avez imbibés depuis deux ans,
« et que nous avons laissés à l'air *dans les plus
« mauvaises conditions*, ont présenté des résultats
« assez satisfaisants pour que nous soyons certains
« des effets produits par votre procédé, et pour
« que nous n'hésitions pas à l'employer pour as-
« surer la durée des pierres qui se trouvent dans
« des conditions défavorables [1]. »

Une définition aussi précise et aussi complète, donnée par des juges compétents, ne me laisse qu'à exposer en peu de mots l'intérêt que l'application de la Silicatisation doit présenter au point de vue de l'art, et l'économie qu'elle peut apporter dans les budgets d'entretien et de restauration; mais, avant d'y arriver, je dois reconnaître que si l'état d'abandon et de malpropreté où les monu-

1. Depuis cette époque, il est appliqué chaque année au fur et à mesure de l'achèvement des restaurations.

ments étaient laissés jusque dans ces derniers temps a été l'une des principales causes de leur dégradation, aujourd'hui qu'une sollicitude éclairée veille sur eux, on arrivera bientôt à éloigner les causes permanentes d'altérations qui agissaient avec le plus d'intensité, en les isolant et en les soumettant, après la Silicatisation, à des nettoyages périodiques. C'est ce que je vais essayer de démontrer.

L'exposé des résultats obtenus et garantis que je viens de reproduire ci-dessus, suffit à faire ressortir tous les avantages qu'elle présente pour les objets d'art, puisqu'en arrêtant leur dégradation au point où elle est arrivée sur les monuments anciens, elle assurera la conservation de trésors qu'on ne peut remplacer[1]. En effet, nul ne peut

1. Il y a bien longtemps déjà que, pour la première fois, nous avons signalé à nos confrères le procédé, aujourd'hui connu de tous, au moyen duquel M. Léon Dalemagne est parvenu à arrêter la décomposition des pierres calcaires, en leur infusant pour ainsi dire un sang nouveau.

Qu'on veuille bien nous permettre de citer quelques lignes d'un article inséré sur ce sujet dans un numéro de l'*Encyclopédie*, qui porte la date de novembre 1853.

Voici ce que nous disions alors : « Les essais (de Silicatisa-« tion) faits dans la cour du Louvre, et que nous avons exami-

reproduire l'esprit qui anime en quelque sorte l'œuvre créée par le génie de l'artiste ; lui-même est inhabile à la refaire, et si elle est précieuse pour conserver les chefs-d'œuvre des artistes qui ne sont plus depuis longtemps, elle doit aussi garantir la durée de ceux produits par les artistes de notre époque.

La Silicatisation pourrait même, en aidant à la production des objets d'art et en la provoquant par l'emploi des matériaux faciles à travailler,

« nés avec le plus grand soin, nous ont paru concluants. Au bas « de la façade de Lescot, parallèle à la Seine, une assise en fort « mauvais état de conservation, qui a été imbibée en partie seu- « lement, permet à première vue de juger de l'efficacité du « procédé; tandis que la partie non traitée est restée pulvéru- « lente et friable, celle silicatisée a acquis une grande résis- « tance et la décomposition a été arrêtée court, etc. »

Après sept années écoulées, nous avons revu ces pierres, et nous avons constaté avec plaisir que le temps, ce grand destructeur, n'a pas pu mordre sur la couverte préservatrice due au silicate. Nous sommes heureux aujourd'hui de pouvoir proclamer cet intéressant résultat.

Mais la Silicatisation est trop connue maintenant pour qu'il ne soit pas superflu d'en recommander l'emploi aux architectes, et les travaux exécutés par M. Dalemagne aux cathédrales de Paris, d'Amiens, de Chartres, au Louvre, à l'Ecole des Beaux-Arts, au Palais du Luxembourg, de Versailles, de Fontainebleau, etc. (Extrait de l'*Encyclopédie d'architecture*, octobre 1860.)

exercer une certaine influence civilisatrice [1]. En vulgarisant les chefs-d'œuvre anciens et modernes par une reproduction rendue peu dispendieuse, et en habituant les masses à la vue des objets portant le cachet du beau, elle peut aussi contribuer à épurer le goût public. Le beau, qu'il frappe l'esprit ou les sens, exerce sur l'homme un empire qu'il est impossible de méconnaître. Pour ne pas sortir du cercle dans lequel je dois me renfermer, il faut arriver à établir l'économie qu'elle doit apporter dans les frais de restauration ; cette tâche me sera plus facile.

Pour fixer exactement le chiffre nécessaire à l'exécution de grands travaux, il faudrait d'abord connaître toute l'importance de ces travaux. Quand ce moyen manque, on peut cependant essayer d'en faciliter l'appréciation par des rapports à établir, et l'administration possédant tous les éléments peut en dresser le compte avec assurance. Ainsi, il me serait impossible de dire ce

1. Partout on pourrait élever un monument dédié à la mémoire des hommes qui se sont rendus utiles à leur pays; il en coûterait si peu pour rappeler de nobles exemples !...

que coûterait la Silicatisation de tous les monuments de Paris, et chacun pourra en faire le calcul par rapprochement.

Assurons d'abord, sur un chiffre connu, que la Silicatisation des parties qu'il importe de préserver dans un monument augmenterait à peine de trois ou quatre pour cent les dépenses nécessitées par les premiers travaux de construction de ces mêmes parties, si ornementées et par conséquent si coûteuses qu'elles puissent être, et qu'elle ne dépassera jamais six pour cent ; puis, ajoutons de suite qu'au moyen de cette dépense si utile, sous tous rapports, les frais d'entretien doivent s'effacer presque entièrement ; et on reconnaîtra de suite l'économie énorme que son application doit apporter dans les budgets.

Si elle est appliquée à des constructions neuves aussitôt après leur achèvement, on peut dire qu'elle coûte peu relativement ou presque rien ; mais si on l'applique plus tard ou à des monuments anciens et dégradés, des nettoyages étant indispensables, la dépense en est augmentée, quelquefois même elle peut être difficile à apprécier : ce dernier cas est très-rare. En citant des exemples nous pourrons devenir concluants.

En 1853, on avait reconstruit un côté du grand escalier, dit des Cent-Marches, du Palais de Versailles. Muni du rapport de MM. Lassus et Viollet Le Duc [1], je sollicitai de l'Architecte du Palais l'autorisation de silicatiser quelques marches de

1. En me ménageant partout l'accueil le plus favorable, le rapport de ces architectes distingués m'a facilité les moyens de prendre date sur de nombreux monuments, et particulièrement sur plusieurs points de l'ancien Louvre. On peut surtout y remarquer le chambranle de la porte qui se trouve du côté opposé à celle portant l'inscription : *sculpture du moyen âge.* C'est-à-dire à droite du guichet conduisant de la cour au pont de l'Institut.

« A cette époque, ces pierres étaient pulvérulentes et dans un « état d'altération aussi avancée que celle des parties environ-« nantes ; on peut vérifier aujourd'hui que non-seulement la « décomposition de ces pierres a été arrêtée, mais encore qu'elles « ont acquis une consistance égale à celle des parties les plus « saines et les plus solides.

« Je pourrais citer bon nombre d'exemples aussi concluants ; « mais il suffit d'ajouter qu'avant la fin de 1853, M. F. Dubau « m'avait donné l'ordre d'exécuter des travaux à l'Ecole des « Beaux-Arts ; M. Vaudoyer, au Conservatoire des Arts et Mé-« tiers ; M. Chabrol, à la Chapelle expiatoire ; M. Lefuel, au Pa-« lais de Fontainebleau, etc., etc. Je ne parlerai que pour mé-« moire de ceux exécutés en Angleterre à la fin de la même « année. » (Extrait de ma réponse au *Cosmos*, n° du 4 novembre 1859.)

cet escalier en même temps que quelques parties des bâtiments. M. Ch. Questel voulut bien m'accorder cette autorisation, et je fis ce travail à mes frais, comme j'en avais fait déjà bien d'autres[1]. — Je n'avais pas eu de nettoyage à opérer ; mais je prévins alors que si on décidait plus tard de faire traiter les autres marches, un nettoyage serait indispensable. L'autre côté de cet escalier monu-

1. A la même époque, M. le Comte de Nieuwerkerque, Directeur général des musées impériaux, consentait à laisser essayer la Silicatisation des marbres statuaires. Tous les bustes qui décorent la salle des empereurs dans le jardin de Versailles venaient d'être soumis à un nettoyage complet, et M. E. Soulié, conservateur du musée, reçut l'autorisation de nous en confier deux (*Sévère et Apollon*).

Ces bustes ont été silicatisés en septembre 1853 ; les ayant revus, il y a peu de jours, je puis affirmer qu'un simple lavage à l'eau avec une brosse douce suffirait pour les rendre tels qu'ils étaient après mon travail, tandis qu'il faudrait recommencer le nettoyage des autres qui se sont altérés plus profondément encore. On peut donc par une silicatisation convenable préserver les marbres ; et combien de chefs-d'œuvre on pourrait sauver en les défendant contre les influences de notre climat destructeur ! Il serait même possible d'en reconstituer les parties dégradées.

Quelques mois plus tard (*en Angleterre*), Sir Ch. Barry, architecte du nouveau Parlement, et M. G. G. Scott, architecte de l'Abbaye de Westminster, nous ont laissé expérimenter sur quelques parties de ces monuments. C'était au mois de décembre 1853.

mental fut reconstruit en 1857, et je reçus de M. Questel l'ordre de le silicatiser immédiatement. La dépense de ce travail ne s'est pas élevée à plus de deux ou trois pour cent de celle de la reconstruction; mais plus tard, en 1858, quand on décida de faire la Silicatisation de tout l'escalier dont j'avais seulement traité quelques marches en 1853, le nettoyage doit avoir fait monter la dépense de cinq à six pour cent, en admettant le même chiffre pour la construction première.

Ce fait à lui seul suffit pour démontrer l'avantage qu'on doit trouver à faire l'application de la Silicatisation en temps opportun.

En 1859, je fus rappelé à la fontaine des Innocents, que M. F. Duban m'avait déjà appelé à examiner en 1854. — C'était un travail exceptionnel, et je ne le cite qu'en raison de la responsabilité acceptée en l'entreprenant et des difficultés qu'il présentait. J'ai réussi à effectuer cette restauration à la satisfaction de M. Davioud, qui me l'a confiée; mais je ne l'ai entreprise qu'appuyé de son autorité pour faire tout ce qui était nécessaire pour garantir le succès : le nettoyage préparatoire exigeant les plus grands soins devait être fort long, et par conséquent devenir coûteux[1]. On ne m'a rien refusé; je n'ai rien négligé pour bien faire. Une opération aussi compliquée et aussi minutieuse ne doit pas entrer dans des calculs ordinaires; elle ne peut y figurer que comme une preuve évidente de conservation possible des œuvres les plus délicates et les plus précieuses, et sous ce rapport elle a la plus grande importance[2].

Je pourrais multiplier les citations et les contrastes, mais je ne le crois pas nécessaire; je n'en ajouterai donc qu'une, parce qu'elle peut avoir son utilité.

Il y a quelques années, on m'a demandé un devis pour la Silicatisation de la porte Saint-Denis; j'ai fourni ce devis. Il montait alors à un chiffre peu élevé; il faudrait aujourd'hui l'augmenter des frais de nettoyage, rejointoyage, etc.,

1. Ce nettoyage a nécessité plus de 2,500 heures de travail attentif et assidu.

2. Il peut être bon d'ajouter aussi que cette opération n'a pas coûté le vingtième de la dépense qui aurait dû être faite pour reproduire les copies de ces sculptures sur lesquelles l'œil du Parisien artiste aimait à s'arrêter, et ce sont les œuvres de Jean Goujon et de Pajou qu'il peut encore admirer.

et il s'élèverait sans doute à beaucoup plus. La décomposition a marché, le monument est plus dégradé, et les frais d'entretien ordinaire ont bien certainement été les mêmes chaque année. Cependant, si le travail avait été fait à l'époque où j'ai été appelé, ce monument serait dans un état de conservation parfaite, et depuis on aurait pu économiser presque tous les frais d'entretien qu'il a nécessités. Les travaux exécutés à peu près à cette époque à l'Arc de triomphe de l'Étoile peuvent confirmer cette assertion. L'examen des façades de l'acrotère du côté des Champs-Élysées et du côté de l'avenue de Neuilly montrera, si je puis employer cette figure, la santé vigoureuse de ces matériaux, silicatisés depuis quelques années, et là j'affirmerai, non-seulement que les frais d'entretien n'ont pas eu à supporter un centime de dépense pour les parties traitées, mais qu'il suffirait aujourd'hui, et toujours, d'une bien minime allocation annuelle pour les conserver dans cet état de propreté et de bonne préservation, puisque tout peut se réduire à une revue attentive et à un époussetage régulier et bien fait, ce qui n'empêchera pas le monument de se culotter, pour me servir de l'expression caractéristique employée par les hommes de l'art, c'est-à-dire de se revêtir des teintes que le temps amène à sa suite, et qui sont tout à la fois le fard et le dernier ornement des monuments. Je ne pouvais en signaler un plus exposé à toutes les influences destructives de l'atmosphère que l'Arc de triomphe de l'Étoile. Comme me le disait M. Danjoy : « Il est de tous le plus en évidence et le plus maltraité ; rien ne l'abrite. »

J'ai dit ailleurs qu'en isolant les monuments on ferait disparaître une des causes principales de leur dégradation ; en effet, par l'isolement, on les soustrait à des mutilations déplorables, et on éloigne un principe d'humidité continuelle et décomposante qui existait dans les parties inférieures. Je dois ajouter qu'après les avoir soumis à la Silicatisation, des nettoyages périodiques suffiront pour faire disparaître tout danger d'altération [1].

J'ai indiqué consciencieusement les services

1. Un simple époussetage bien fait suivi d'un lavage abondant, opération que le service des eaux rend aujourd'hui bien facile.

rendus, puis ceux qu'on peut demander à la Silicatisation ; en terminant, je crois pouvoir l'assurer avec confiance et conviction sincère : « Un grand problème a été résolu par la découverte de *Füchs...* » Un illustre Professeur l'a dit, on n'avait qu'à l'étudier, puis à l'appliquer [1] ....., et j'ai le droit de réclamer le mérite d'en avoir fait, *le premier, l'application à la conservation des monuments.*

Le savant bavarois écrivait en 1825 :

« Puisse cette jeune plante croître dans le « champ de la technique, propice à la production « de maints bons fruits !... Puissent d'autres mains « la cultiver avec la même attention, et qu'aucun « souffle empoisonné n'en vienne arrêter la crois- « sance !... » Qu'il me soit permis d'ajouter, après dix ans de pratique attentive et soutenue : « Si « la Science n'a pas dit son dernier mot sur la Si- « licatisation, j'espère que, réalisant le désir de « son inventeur, elle en rendra bientôt l'applica- « tion générale. »

Léon DALEMAGNE.

Paris, le 1er mai 1861.

1. M. Dumas (Cours du Collége de France, février, 1834.)

Pour donner quelque apparence de valeur à des prétentions ridicules et chercher à satisfaire une ambition déplorable, on a cité et on cite mes travaux à tout propos; on n'a même pas craint d'y ajouter, sans aucun titre, des noms qui font autorité[1].

Je dois rétablir des faits qui ont été dénaturés; pour le faire, je me borne à rappeler ici les principaux travaux que j'ai exécutés sur les monuments publics et leur date, sans m'occuper d'aucune autre série, ce qui serait trop long; c'est le

1. M. Léon Dalemagne, qui s'honore d'avoir été le premier en France à traduire en fait industriel les indications scientifiques de Füchs, l'inventeur de la Silicatisation, nous écrit pour répudier toute participation dans l'application qui vient d'en être faite à la cathédrale de Cologne, par suite des démarches, et sans doute d'après les indications d'un fabricant de produits chimiques français, qui cite comme une recommandation en faveur de ses produits les travaux de notre correspondant. Cet essai de Silicatisation paraît n'avoir eu qu'un faible succès, et l'on comprend que M. Dalemagne en repousse la responsabilité, en même temps que celle de l'harmonisation de teinte faite aux nouveaux bâtiments du Louvre au moyen d'un badigeon siliceux sur lequel le passant peut tracer son nom en noir en appuyant le doigt. C'est à tort, en outre, que le fabricant en question s'autorise du nom de M. Viollet Le Duc; il lui serait impossible de citer aucune pièce prouvant qu'il fait un emploi légitime du nom de cet Architecte éminent. (Extrait de l'*Ami des sciences* du 28 février 1858.)

seul et vrai moyen de les soumettre tout à la fois à l'appréciation des hommes compétents et au contrôle de l'opinion de tous.

Les voici par ordre de date :

1851-1852. — A Notre-Dame de Paris, par autorisation de MM. Lassus et Viollet Le Duc, architectes.

1853. — A Notre-Dame de Paris, aux Palais du Louvre, de Versailles et du Luxembourg, de Fontainebleau ; à l'École des Beaux-Arts, au Conservatoire des Arts et Métiers, à la Cathédrale de Chartres, à la Chapelle Louis XVI, à l'École de Pharmacie, etc., etc. (Spécimens déposés à la Société centrale des Architectes.) En Angleterre, à la Chapelle Henri VII, au nouveau Palais du Parlement, à l'Abbaye de Westminster. (Spécimens déposés à l'Institut royal des Architectes, etc.)

En France, par ordre de MM. Chabrol, Danjoy, De Gisors, F. Duban, Lassus, Lefuel, Ch. Questel, Vaudoyer, Viollet Le Duc, etc., etc.

En Angleterre, par ordre de Sir Ch. Barry, de M. G. G. Scott, etc., etc.

1854. — A Notre-Dame de Paris, à la Cathédrale de Chartres, à la Chapelle Louis XVI, etc., au Château de Saint-Aignan (près Blois), au Palais de Justice à Caen, à la Cathédrale de Lisieux, au Château de Saint-Germain-en-Laye, à la maison de M. Félix Pigeory, architecte, etc., etc.

1855. — A Notre-Dame de Paris, à la Cathédrale de Chartres, etc., au Musée égyptien du Louvre, à l'Hôtel de la Présidence et au Palais de Justice à Rouen, à la Chapelle des Chartreux et à l'Hôtel-de-Ville de Lyon, etc., etc.

1856. — A Notre-Dame de Paris, etc., au Palais de Saint-Cloud, etc., à la Cathédrale d'Amiens, etc., etc.

1857. — A Notre-Dame de Paris, à l'Arc de Triomphe de l'Étoile, au Conservatoire des Arts et Métiers, à l'Asile impérial, etc., au Palais de Versailles, à la Cathédrale d'Amiens, etc., à l'Hôtel-de-Ville à Lyon, etc., etc.

1858. — A Notre-Dame de Paris, etc., à l'Arc de Triomphe de l'Étoile, au Conservatoire des Arts-et-Métiers, etc., au Palais de Versailles, aux Cathédrales d'Amiens, de Bordeaux, etc., etc.

1859. — A Notre-Dame de Paris, au Palais du Luxembourg, à l'Arc de Triomphe de l'Étoile, au Conservatoire des Arts et Métiers, etc., à la Cathédrale d'Amiens, etc., *à la Fontaine des Innocents (sculptures de Jean Goujon, Pajou,* etc.), etc., etc.

1860. — A Notre-Dame de Paris, à l'Arc de Triomphe de l'Étoile, au Conservatoire des Arts et Métiers, à la Fontaine Gaillon, etc., aux Cathédrales d'Amiens et de Rouen, à l'Église impériale de Saint-Denis, etc., etc.

Tous ces travaux d'une date et d'une authenticité incontestables ont été, les premiers surtout, l'objet d'examens et de rapports assez nombreux. J'en ai fait connaître les parties les plus essentielles.

Ces renseignements avaient été fournis à tous, et cependant quelques plumes égarées n'ont pas encore redressé leur erreur et rendu à Füchs ce qui lui appartient. Elles le feront bientôt, j'espère, suivant le noble exemple du Directeur du Musée de l'Industrie belge, M. Jobard, à qui j'avais fourni ces mêmes renseignements, et qui m'écrivait en 1858. « Je suis arrivé à temps pour

« vous rendre justice dans le *Bulletin du Musée* « et dans mon livre; ces publications restent et « le journal tombe ; il n'y a donc pas même demi-« mal..... »

Ce dont je me souviens surtout avec bonheur, et je lui en exprime ici ma reconnaissance, c'est d'avoir été introduit par cet homme éminent auprès d'un illustre Savant qui daigna m'accueillir avec bonté, s'intéressant à mes travaux, me rappelant des démarches faites inutilement en Prusse en 1853, pour y introduire la *Silicatisation de Füchs*, et me marquant son souvenir dans une lettre qu'il adressait peu de jours après à son ami[1]. Plus tard, il a daigné me le marquer à moi-même et m'assurer l'attention qu'il prêtait à mes travaux. Une indiscrétion bien intentionnée sans doute a rendu publique cette lettre, où il m'encourage avec une bienveillance toute paternelle et qui est pour moi un titre des plus chers et des plus précieux.

L. D.

1. Voir, dans le *Progrès international* du 1er février 1858, la lettre adressée à M. Jobard, Directeur du Musée de l'Industrie belge, par M. le baron Al. de Humboldt.

LA

STÉRÉOCHROMIE

OU

PEINTURE MONUMENTALE

PAR

Le Dr J.-N. FÜCHS, de Munich,

Chevalier de l'ordre de Maximilien pour les arts et les sciences, de l'ordre civil du Mérite de la Couronne de Bavière et de Saint-Michel, de l'ordre de l'Aigle-Rouge de Prusse; Membre des Académies des Sciences de Munich, de Berlin et de Vienne; de la Société de Physique de Francfort; de l'Académie impériale Léopoldine et Caroline des Naturalistes de Breslau; de la Société impériale et royale des Médecins à Vienne; de la Société de Propagation des Sciences naturelles combinées de Marbourg; des Sociétés de Naturalistes de Berne, de Halle et de Iéna; de la Société Linnéenne de Paris; des Sociétés de Minéralogie de Iéna et de Dresde; Membre honoraire de la Société pharmaceutique de Bavière et du nord de l'Allemagne, ainsi que de la Société pharmaceutique de la Bavière-Rhénane; Membre de la Société polytechnique du royaume de Bavière, ainsi que de la Société agricole de Bavière et de la Société industrielle de la Basse-Autriche.

TRADUITE DE L'ALLEMAND

PAR L. D.

Avec le concours de ses amis G., S., G., et W.

LA

STÉRÉOCHROMIE

OU

PEINTURE MONUMENTALE [1]

PAR

J. N. FÜCHS, DE MUNICH.

En publiant aujourd'hui une partie des ouvrages de Füchs, j'éprouve le besoin d'exprimer ma reconnaissance envers les hommes éminents qui, en France, ont protégé les premières applications

1. En commençant la publication du travail de Füchs sur la peinture monumentale, travail trop peu connu et qui n'a pas encore été traduit dans notre langue, nous tenons une promesse faite dans un de nos numéros de décembre dernier. Les occupations du traducteur, M. Léon Dalemagne, qui, comme on le sait, s'est donné pour mission de faire passer dans la pratique la *Silicatisation* constituée scientifiquement par Füchs, ont retardé jusqu'à ce jour la réalisation de cette promesse, dont l'exécution ne peut manquer d'être accueillie avec faveur par les artistes. Nous donnons aujourd'hui la préface que M. L. Dalemagne a mise en tête de sa traduction. (*Ami des sciences*, 14 oct. 1860.)

de la Silicatisation dont il est l'auteur. Cette publication est, d'ailleurs, l'accomplissement d'un devoir envers un inventeur méconnu volontairement par quelques-uns, et auquel on sera bien obligé désormais de rendre ce qui lui est dû. Elle aura, en outre, pour résultat d'aplanir les difficultés qui paraissent retarder l'adoption de son système de peinture monumentale.

Ayant introduit la *Silicatisation* dans le domaine des faits pratiques en l'appliquant, il y a près de dix ans, à la conservation des monuments, mes travaux et mes essais m'ont donné occasion de publier quelques notes qui me permettent de retarder sans inconvénient la publication de ce que Füchs avait écrit sur le même sujet. Ce retard, mis à profit, me permettra d'ajouter à mes observations personnelles celles auxquelles peuvent donner lieu les essais plus ou moins heureux qui ont été faits par d'autres; mais je ne puis différer plus longtemps de donner satisfaction aux désirs qui me sont exprimés chaque jour à propos du travail de Füchs sur les peintures murales.

La *Stéréochromie*, inventée par lui et mise en pratique par MM. de Kaulbach et Michel Echter, a fait ses preuves, et les belles peintures du musée de Berlin en proclament le mérite. Une méthode aussi parfaite doit attirer l'attention de tous les amis des arts, et assurer à son auteur leur vive reconnaissance. En publier la traduction, c'est révéler à nos artistes les moyens faciles d'assurer la durée de leurs œuvres, et aussi leur épargner les recherches et les tâtonnements sans fin dans lesquels pourraient les engager certaines théories de publication récente, théories peu étudiées, et si incomplètes qu'elles semblent avoir été combinées pour égarer l'opinion, en détournant l'attention de la source à laquelle chacun peut puiser, comme l'auteur de ces théories l'a fait lui-même sans en rien dire d'abord.

Je reproduirai dans une autre occasion les notes du Professeur bavarois sur la préparation de son *wasserglas* (verre soluble); mais il est utile de faire connaître ici que Füchs indique quatre espèces de verre soluble :

Le silicate de potasse,
Le silicate de soude,
Le silicate double (de potasse et de soude),
Le silicate pour fixer,

dont il explique minutieusement l'emploi, en faisant observer que lorsqu'il dit seulement *verre soluble*, c'est le *silicate de potasse* qu'il veut désigner.

Les réflexions placées en tête du dernier mémoire de cet inventeur et celles qui sont tombées de sa plume en le terminant décèlent l'amertume dont son âme était pleine. Elles pourront, en éclairant l'opinion publique, servir à confondre les plagiaires. Je serais heureux d'y contribuer; et quant à moi, c'est à Füchs que je reporterai tout le mérite de mes travaux, s'ils peuvent en avoir un jour.

Voici donc, littéralement traduit, ce que ce Savant écrivait vers la fin de 1855, peu de temps avant sa mort :

« Le verre soluble, que j'ai fait connaître en « 1825 (il y a plus de trente ans), n'a pas reçu « d'abord l'accueil qu'il méritait; on a été jusqu'à « affirmer qu'il ne différait pas de la liqueur des « cailloux, et que par conséquent il n'offrait rien « de nouveau. Quelques voix se sont élevées en « sa faveur, lui prédisant un bel avenir; on a « même fait quelques essais pour en démontrer

« l'utile application; mais, faute d'expériences, et « parce qu'on attendait du verre soluble plus « qu'il ne pouvait donner, parce qu'en outre on « ne faisait pas les fontes nécessaires, et qu'enfin « on ne savait pas manipuler conformément au « but proposé, ces tentatives n'ont pas toujours « donné les résultats désirés. Il en est résulté « qu'on s'est éloigné avec dédain de l'invention « nouvelle, et finalement les essais dont il s'agit « ont fait à l'invention plus de mal que de bien.

« Aucun succès n'est possible avec les per- « sonnes qui n'ont pas l'habitude des expériences; « si les premières opérations ne réussissent pas, « elles perdent toute confiance, comme j'en ai « fait plus d'une fois la triste expérience.

« La routine a exercé ici, comme à l'égard de « tout ce qui est nouveau, sa fatale influence. « C'est le sort de toute invention d'être repoussée « pendant un certain temps.

« Depuis quelques années, les choses ont pris « une autre tournure [1], et l'on commence à com-

1. C'est en 1852 que ce changement a commencé à se produire, et je puis me féliciter d'y avoir contribué dans la mesure de mes forces : nous avions exécuté à Notre-Dame de

« prendre que le verre soluble n'est point du « nombre des choses superflues; qu'il est suscep- « tible, au contraire, d'applications plus nom- « breuses que beaucoup d'autres inventions [1]. J'ai « pris une certaine part aux essais et aux expé- « riences qui ont amené ce résultat; et c'est afin « que le fruit de mes expériences personnelles et « de celles qui ont été faites sur ma recomman- « dation ne se perde pas, que j'entreprends, sur « la fin de mes jours, d'écrire le présent traité. »

Paris, au Louvre, etc., etc., des travaux qui avaient éveillé l'attention de tous les savants; et en février 1854, M. Dumas les rappelait dans son cours au Collége de France, lorsqu'il y traitait du *silicium*.

1. C'est à dater de 1833 que ces applications se sont multipliées; et au mois d'août 1854 un grand industriel de nature très-envahissante m'amenait à devoir accepter d'être son associé. Il voulut, quelques mois plus tard, s'attribuer nos travaux et l'initiative de la fabrication des silicates; mais il a été prouvé qu'en juin 1852 je fabriquais déjà en grand le silicate de potasse, et c'est dans le mois de septembre de la même année que la maison Maletra et fils, de Rouen, introduisait en France la fabrication du silicate de soude pour la préparation des étoffes, etc., etc. Cependant, malgré l'évidence des faits, il n'en continue pas moins ses prétentions scientifiques et industrielles. L. D.

CHAPITRE PREMIER.

APPLICATIONS SPÉCIALES DU VERRE SOLUBLE.

L'emploi du verre soluble résulte de ses qualités. Si l'on a toujours égard à celles-ci, on ne rencontrera pas de difficultés bien grandes dans l'application.

Une de ses principales applications est, sans contredit, celle qu'il reçoit dans la peinture, puisqu'il est particulièrement propre à bien lier les couleurs et à donner aux tableaux, comme à tous les enduits, une grande durée. Je désigne cette peinture par le nom de *Stéréochromie* (*stereos*, solide, durable; *chroma*, couleur), et j'entends par ce nom la méthode de peindre, dans laquelle le verre soluble sert à lier les couleurs et les fonds;

c'est par là que la Stéréochromie diffère essentiellement de toutes les autres méthodes.

Comme peinture monumentale, elle entre en concurrence avec la peinture à fresques, sur laquelle elle l'emportera sans doute, en même temps qu'elle conquerra encore un vaste champ. En Prusse, selon ce que m'a rapporté M. Echter, on commence déjà à abandonner la peinture à fresques, et les peintures murales aujourd'hui en voie d'exécution s'exécutent d'après les procédés stéréochromiques. On m'assure que cette méthode trouve également beaucoup de succès en Angleterre[1].

1. L'auteur avait sans doute connaissance de la communication faite dans la réunion hebdomadaire de Royal Institution of Great Britain (7 avril 1854), par M. le Rév. J. Barlow, M. A., F. R. S., vice-président, et sec. R. I. ......, à la suite de nos premiers travaux en Angleterre.

Ces travaux exécutés en décembre 1853 à l'abbaye de Westminster et au nouveau Parlement, avaient été l'objet de l'examen d'un comité nommé par l'Institut Royal des Architectes, et un certain nombre de spécimens avait été remis au siége de cette société à la même époque.

Le 3 janvier suivant, nous en avions aussi soumis quelques-uns à son Altesse Royale le Prince Albert, qui avait daigné nous en faire donner réception par M. le Colonel Phipps, le 11 janvier 1854. L. D.

La peinture à l'*Encaustique* ne peut nullement être placée en comparaison avec elle [1].

A Munich, métropole de l'art naissant en Allemagne, la Stéréochromie n'a pas encore réussi à s'introduire, peut-être par cela même qu'elle a été inventée à Munich et par moi, qui n'étais peut-être pas l'homme qu'il fallait.

Avant de passer à l'exécution de peintures stéréochromiques, j'ai encore quelques observations préliminaires à produire.

Les plaintes réitérées que j'entendais faire sur l'imperfection de la peinture à fresques, et parti-

1. Autrefois, on prenait les tableaux enlevés aux fouilles de Pompéi pour des tableaux encaustiques, et l'on s'est donné beaucoup de peine pour les imiter. Les essais ont été infructueux, et ils devaient l'être, puisque ces tableaux n'étaient pas ce que l'on croyait, mais bien des fresques, ainsi que l'a prouvé jusqu'à l'évidence M. le professeur Schefhœul (*Gazette universelle* d'Augsbourg des 6 et 7 janvier 1845, supplément, p. 42, et *Journal polytechnique*, t. XCV, p. 76). Et pourtant on s'est décidé ici à rétablir des tableaux de grande dimension et d'une grande valeur d'après une certaine manière encaustique!—C'est un grand pas en arrière dans la peinture monumentale. — Les peintures découvertes à Pompéi ne se conservant pas longtemps intactes, elles se détériorent peu à peu; pour les préserver, on les a imbibées de cire et enduites de sandaraque, ce qui leur a fait perdre beaucoup de leur beauté primitive. Ne vaudrait-il pas mieux les imprégner de verre soluble (à fixer), ce qui certes les

culièrement sur ce qu'elle n'a pas de durée dans nos climats, m'ont engagé dans cette entreprise. Ces plaintes m'ont suggéré la pensée d'essayer si le verre soluble ne lierait pas mieux, et d'une manière plus durable, les couleurs sur les murailles que ne le fait la chaux. Cette pensée me poussa à des essais dont les résultats tantôt confirmaient et tantôt réfutaient mon opinion. Il n'était pas facile non plus d'éloigner les difficultés qui se rencontraient dans l'exécution. Si j'eusse été moi-même versé dans l'art de la peinture, bien du travail inutile m'eût été évité ; mais comme je ne le suis pas, et que je devais toujours suivre le jugement d'autrui, j'ai perdu beaucoup de temps ; en sorte que cinq années environ s'écoulèrent avant d'obtenir le résultat désiré, cinq années consacrées à des essais nombreux, en partie infructueux, parfois très-coûteux, dans lesquels j'ai été aidé par la coopération active et courageuse de M. Kaulbach.

Celui qui lira ces lignes s'étonnera peut-être

rendrait durables, sans nuire en rien à leur beauté? Le carbonate de soude s'efflorissant pourrait être enlevé avec une éponge humectée; ensuite on laverait sans hésitation l'image avec de l'eau distillée.

qu'une chose aussi simple, comme on le verra dans la suite, ait coûté tant de temps et de peine!

Dans le courant de ces travaux, on s'est convaincu que la Stéréochromie n'était pas seulement applicable aux murailles, mais qu'on peut l'employer aussi avantageusement sur toute espèce d'autres fonds, et s'en servir pour rétablir des tableaux de chevalet d'une dimension pas trop grande ; qu'on peut même appliquer directement, c'est-à-dire sans couche de mortier, sur de certains fonds, des tableaux stéréochromiques et des enduits. Nous traiterons d'abord de la peinture murale ou monumentale sur fond de mortier.

CHAPITRE SECOND.

DE LA PEINTURE MURALE OU MONUMENTALE SUR FOND DE MORTIER.

Si l'on veut appliquer d'une manière durable un tableau sur une paroi, il faut donner d'abord toute son attention à la confection du corps qui devra recevoir l'œuvre d'art, c'est-à-dire au fond de mortier. Les fautes commises à cet égard peuvent rendre la peinture pénible et nuire à la beauté du tableau. Le point capital est de donner bien uniformément à ce fond la solidité de la pierre, afin qu'il ne fasse qu'un avec la muraille. Il faut, en outre, que par toute sa surface il absorbe facilement et uniformément le verre soluble.

Le premier crépi, ou sous-fond, se fait au moyen de mortier de chaux ordinaire, afin d'égaliser les parties raboteuses de la muraille et de bien couvrir les pierres. Le sable doit être d'un grain moyen, ni trop gros ni trop fin ; il est à peu près indifférent que ce soit du sable calcaire ou du quartz ; il faut le bien laver avant de s'en servir. La chaux convenablement éteinte s'emploie avec économie, afin que le mortier à l'eau distillée ou à l'eau de pluie soit plutôt maigre que gras. Un mortier trop gras ne laisserait pénétrer que trop difficilement le verre soluble, et formerait par-ci par-là des sauts qu'il convient d'éviter soigneusement.

Le crépi ainsi rétabli est bien séché et reste exposé à l'air pendant plusieurs jours, afin qu'il devienne susceptible d'absorber de l'acide carbonique et puisse se changer en demi-carbonate de chaux ; car si la chaux dans le mortier était encore tout à fait caustique, le verre soluble appliqué plus tard serait décomposé et ne pénétrerait pas jusqu'au mur, où il est très-nécessaire qu'il pénètre pour que l'on obtienne un bon liant.

Afin d'accélérer l'imprégnation de la chaux par l'acide carbonique, on peut se servir d'une dissolution de carbonate d'ammoniaque ; le mortier, en étant pénétré à plusieurs reprises, acquerra une solidité déjà bien plus grande. Quand il est de nouveau tout à fait sec, et que l'ammoniaque est évaporée, on emploie le verre soluble pour le fortifier et le faire adhérer au mur; on répète plusieurs fois cette opération presque jusqu'à saturation, en laissant sécher entre chacune. Le verre soluble dont on se sert doit être à la soude, ou du verre soluble double, décomposé avec assez de liqueur de cailloux de soude pour n'être plus opalisant, mais entièrement clair.

Le verre soluble à la soude ou double est préférable à celui à base de potasse, parce qu'il est mieux absorbé que ce dernier. Aucun des deux ne doit être employé dans un état concentré; il faut les étendre de parties semblables d'eau suivant le volume, sans quoi il serait à craindre qu'il ne pénétrât pas jusqu'au mur. Le crépi ne pouvant pas être d'une épaisseur uniforme à cause des inégalités du mur, et les parties épaisses exigeant plus de verre soluble que les parties minces, de sorte que les premières en absorbent encore quand les autres sont déjà saturées, il faut rechercher les parties épaisses avec un pinceau humecté, et les imbiber de verre soluble de manière qu'elles en contiennent autant que les autres.

Lorsque le sous-fond sera fixé de cette manière, on pourra bientôt appliquer le surfond destiné à recevoir l'image. Il importe beaucoup que celui-ci ait la qualité convenable si l'on veut atteindre avec certitude et sans difficulté le but désiré.

A cet effet, le surfond, qui ne diffère pas essentiellement du sous-fond, sera établi avec de l'eau de pluie ou de l'eau distillée et du sable calcaire ou du quartz bien lavé, d'un grain ne dépassant pas une certaine grosseur, et tenu dans un état assez maigre pour qu'il ne produise pas de sauts et s'absorbe bien. On passe le sable au tamis, pour lui donner le grain convenable ; les mailles du tamis dont ont se sert à Munich ont cinq points, mesure rhénane.

Quant à la qualité du sable calcaire, je suis d'avis que le sable artificiel, c'est-à-dire produit par le broiement de marbre ou de dolomie, est préférable au naturel, parce que ce dernier consiste en grains sphériques, qui tiennent moins bien que les grains anguleux, à faces fraîches et raboteuses du sable artificiel. La poussière fine, quoique très-avantageuse comme liant, doit être éliminée au moyen du lavage ou d'un tamis ; autrement la masse serait trop compacte et n'absorberait pas convenablement.

La qualité de la surface du fond qui reçoit la peinture dépend principalement de la grosseur des grains de sable ; plus ceux-ci sont gros, et plus celle-là sera grossière, ce qui, dans la peinture, convient jusqu'à un certain point, pourvu que les couleurs à l'eau s'y collent suffisamment jusqu'à ce que l'on applique le verre soluble.

La surface ne peut, en aucun cas, être polie, parce qu'elle ne recevrait pas les couleurs sans autre liant ; elle doit, au toucher, donner la sensation d'une lime, suivant l'expression de M. Kaulbach. Il faut distinguer aussi entre les tableaux qui seront vus de près et ceux qui seront vus dans l'éloignement. Pour ces derniers, les grains de sable peuvent être beaucoup plus gros que pour les autres.

Le mortier est appliqué au sous-fond par couches d'une ligne d'épaisseur environ et aussi égale que possible. Lorsque cette couche est sèche, on la gratte avec une pierre de sable raboteuse (à Berlin, on se sert d'une règle en fer), pour enlever la mince couche de carbonate de chaux qui s'est formée pendant la dessiccation, et qui arrêterait l'infiltration du verre soluble ; l'opération a aussi pour but de donner à la surface la rudesse nécessaire.

Je n'approuve pourtant pas cette manière de procéder ; il me paraît de beaucoup préférable de détruire la croûte de chaux par un moyen chimique, moyen simple qui a déjà fait ses preuves, c'est-à-dire à l'aide de l'acide phosphorique étendu (pour une partie d'acide concentré six parties d'eau). Une éponge imbibée de ce liquide, ou un pinceau humecté, avec lesquels on enduit la surface, donnent le résultat désiré. Comme la chaux phosphatée qui en résulte, combinée avec le verre soluble, lie bien, la masse de mortier n'éprouve pas le moindre dommage, et l'on empêche également par là qu'il ne se détache de petits éclats, comme il arrive dans le frottement mécanique, et qu'il ne se forme de petites excavations auxquelles il faudrait remédier.

Le fond étant ainsi préparé et séché, on l'imprégne de verre soluble, pour lui donner la consistance voulue et pour le fondre convenablement avec le sous-fond. On emploie avantageusement, à cet effet, du verre soluble double clarifié avec de la liqueur de cailloux de soude et étendu de parties équivalentes d'eau. Il suffit le plus souvent de faire cette opération deux fois, en ayant soin de laisser sécher après chacune. Il s'agit en ceci d'observer la juste mesure, afin qu'un surcroît de verre soluble ne ferme pas les pores, ce qui augmenterait la difficulté de peindre. Si l'on a outrepassé le degré, on peut, pour éviter d'avoir à enlever le mortier, remédier au mal en reculant le moment de peindre jusqu'à ce que le fond s'ouvre de nouveau de lui-même par la contraction du verre soluble. La chaleur hâterait ce résultat, et l'on y arriverait avec plus de facilité encore en y brûlant de l'esprit-de-vin. Ensuite, et après que la surface aura été préparée par le frottement ou l'acide phosphorique, et bien fixée avec du verre soluble double, auquel on ajoute un peu de liqueur de cailloux de soude, de telle sorte que ce verre soit uniformément réparti sur la surface, et que le fond se montre uniformément absorbant sur tous les points, la peinture pourra être commencée.

Cependant, il sera bon d'attendre quelque temps, parce que le fond séchera mieux, et la faculté d'imprégnation, absolument nécessaire pour peindre, sera augmentée.

La préparation nécessaire étant achevée, la peinture n'offre plus de difficulté à un artiste habile, et il ne faut pas d'instruction spéciale, que du reste je ne saurais donner, n'étant pas peintre. Entre temps, chacun pourra s'exercer dans quelques essais en petit et essayer de peindre des tableaux de chevalet.

Si quelqu'un mettait en doute ce qui vient d'être dit et hésitait à entreprendre une grande œuvre, il ferait bien de consulter MM. Kaulbach et Echter, lesquels s'empresseraient, j'en suis convaincu, de donner les indications désirées. Les couleurs sont simplement appliquées avec de l'eau pure, et l'on humecte fréquemment le mur avec de l'eau pour chasser l'air des pores et favoriser l'adhérence des couleurs. Mais il faut humecter avec modération et éviter autant que possible que les parties déjà peintes ne soient trop atteintes;

autrement, d'après l'observation de M. Echter, les couleurs perdraient de leur éclat, ce qui paraît provenir de ce que les parties colorantes les moins vigoureuses sont entraînées à la surface et séparées des parties les plus vigoureuses. Ce phénomène fâcheux se produit particulièrement aux endroits qu'il faut retoucher souvent et retremper toujours.

M. Echter a néanmoins trouvé le moyen de remédier parfaitement à cet inconvénient en enlevant après la dissolution et avant la fixation les parties ternes au moyen d'un pinceau très-fin, après quoi les couleurs reparaissent dans leur pureté primitive.

Il ne reste plus dès lors qu'à fixer convenablement les couleurs, et cela avec le verre soluble à fixer. Il suffit de l'étendre d'une demi-partie d'eau.

Mais comme les couleurs n'adhèrent que très-faiblement et ne permettent pas l'usage du pinceau, on fait jaillir le verre soluble sous forme de pluie fine ou de brouillard sur le tableau, et surtout d'abord avec beaucoup de précaution, afin que les couleurs ne se déplacent et ne s'empâtent. A cet effet, M. le professeur Schlotthauer, qui s'est occupé beaucoup d'essais stéréochromiques, et a fait pour eux de grands sacrifices, a inventé un instrument qui laisse peu à désirer, et pour l'invention duquel on lui doit de la reconnaissance. Dans les derniers temps, il l'a encore beaucoup perfectionné. On continue l'opération en humectant et séchant alternativement, jusqu'à ce que les couleurs adhèrent si solidement qu'il ne s'en détache plus rien en frottant avec le doigt. Si, par un fort frottement, les mouchoirs blancs dont on se sert parfois sont salis, cela ne prouve rien contre l'adhérence des couleurs; sous une forte friction, il se détache des grains de sable qui attaquent les couleurs, ce que les mouchoirs ne font pas immédiatement. On peut faire la même opération sur les tableaux à fresques.

En essayant les couleurs sous le rapport de l'adhérence et de la solidité, on découvre parfois cette différence que, pendant que les unes fixent solidement, les autres sont encore plus ou moins tendres et salissent les doigts. Les couleurs maigres, le noir par exemple, appartiennent à ces dernières. Celles-ci exigent encore du verre soluble qu'on y applique avec un pinceau fin jusqu'à ce qu'elles adhèrent comme les autres. M. Kaulbach m'a affirmé naguère que ce cas ne se représentait plus que très-rarement, parce que l'on y peut obvier par le mélange convenable des couleurs.

Voilà tout ce qu'il y a d'essentiel dans le procédé d'après lequel M. le Directeur de Kaulbach, assisté de l'excellent peintre M. Echter, a exécuté d'une manière de plus en plus parfaite, au nouveau musée de Berlin, quatre grands tableaux muraux stéréochromiques. Ces tableaux ont rencontré (surtout le dernier) une approbation unanime, et tous les artistes et amateurs impartiaux les considèrent comme constatant un progrès réel dans la peinture monumentale[1].

Avant de poursuivre, je crois devoir faire encore quelques observations sur la peinture monumentale sur fond de mortier.

1. Les six grands tableaux et les quatre personnages historiques destinés à décorer le grand escalier seront bientôt terminés, et quand les échafauds seront enlevés, l'œil étonné pourra embrasser cet ensemble magnifique. Celui qui aura connu les peines supportées par l'homme dont le génie avait conçu cet admirable genre de peinture, pourra regretter que Fuchs n'ait pû jouir de ce spectacle saisissant. L. D.

On s'est convaincu bien vite qu'on ne peut pas se servir du verre soluble en stéréochromie comme on se sert de l'huile dans la peinture à l'huile; c'est-à-dire que les couleurs ne doivent pas être préparées au verre soluble avant l'application. Quand il serait même considérablement étendu, le pinceau prendrait tout de suite de la rigidité, et les couleurs colleraient sur la palette. Mais faut-il proscrire entièrement et dans tous les cas l'addition du verre soluble aux couleurs? C'est encore une question. Ce qui est incontestable, c'est qu'on ne peut pas s'en passer lorsqu'il s'agit de corriger des parties défectueuses dans un tableau, ou qu'après la fixation il reste encore une partie à retoucher, à l'effet de l'harmoniser avec le reste. Je suis donc d'avis qu'il peut rendre de bons services dans la peinture, comme addition à de certaines couleurs, notamment les maigres. Je ne parle pas du verre soluble à base de potasse, qui ne sert en aucun cas, mais de celui qui est composé avec la liqueur de cailloux de soude, dont on se sert pour fixer les tableaux, dans un état assez fortement délayé.

Lorsque le pinceau commence à roidir et refuse

son service, il n'y a pas autre chose à faire qu'à le tremper dans de l'eau claire. Au bout de très-peu de temps, il redevient aussi bon que précédemment. Entre temps, on peut en employer un autre.

Avant le lavage, il ne faut pas le laisser sécher dans l'air; il serait trop difficile de le nettoyer.

On remédie facilement à l'épaississement des couleurs sur la palette en y ajoutant de temps en temps une goutte d'eau au moyen d'un verre de gradation. Il serait bon de ne pas mettre trop de couleur à la fois sur la palette. C'est mon opinion que j'émets sur ce point; j'abandonne aux artistes la question de savoir si ce procédé est bon ou doit être rejeté.

A cette occasion, je crois devoir rapporter que M. de Kaulbach a exécuté la première épreuve avec du verre soluble étendu auquel j'ai ajouté quelque peu de potasse à la chaux. Une brique, avec une couche de mortier préparé avec de la poudre de marbre, servait de fond. Cet essai réussit si bien qu'il fut adopté de suite dans la nouvelle méthode de peinture. Le travail existe encore et bien conservé, malgré les nombreuses épreuves qu'on lui a fait subir. Un second échantillon plus grand et aussi bien réussi a été perdu. Bientôt après, M. Kaulbach ayant manifesté le désir d'avoir un liant plus onctueux pour faire adhérer les couleurs au commencement sur le fond à peindre, je lui ai procuré une masse collante telle qu'on l'obtient en précipitant une dissolution d'alun étendue avec du verre soluble, et qu'on ajoute aux couleurs une petite partie du précipité bien lavée. Quelques essais réussirent bien, quelques-uns même très-bien ; mais, plus tard, ce moyen ne lui convint plus ; il le trouvait trop compliqué et trop incommode, et il eut l'idée que, les fonds à peindre étant raboteux, il ne fallait pas d'addition liante aux couleurs, mais que celles-ci adhèrent suffisamment lorsqu'on les applique simplement avec de l'eau pure.

A ce qui a été dit par rapport à la fixation des couleurs, je dois ajouter qu'on peut déjà procéder avec plus de hardiesse avec le verre soluble qu'on applique qu'on ne le faisait d'abord avec le verre soluble à la soude, parce qu'on n'a pas à craindre de taches avec de fausses couleurs. Une mesure un peu plus grande de ce verre soluble que celle qui est exactement nécessaire pour lier les couleurs vient à point au fond supérieur, qui n'en devient que plus solide et se combine d'une manière durable avec les couleurs.

Si le verre soluble reste près d'une minute sans être absorbé, et si l'on craint des taches gris-blanc, on n'a qu'à l'enlever avec du papier buvard. On a, du reste, fait l'observation que ces taches disparaissent avec le temps. Les couleurs bien fixées, le tableau est achevé. Pour terminer, on peut, pendant une couple de jours, l'humecter et le laver avec de l'esprit-de-vin. Par ce procédé, le verre soluble et tout le tableau se consolident, et on enlève la crasse et la poussière avec la partie d'alcali qui s'est dégagée. Après quelques jours, il peut être lavé, sans éprouver aucun dommage, avec de l'eau claire; pas d'eau de source, qui pourrait déposer de l'acide carbonique. Il peut également être exposé à la pluie.

Pendant qu'on exécute une peinture sur le côté extérieur d'un bâtiment, il faut veiller à ce que le travail ne soit pas atteint par une forte pluie ; il y aurait plus de travail détruit en une heure qu'on n'en pourrait faire durant des semaines.

Je n'ai plus rien à ajouter, sinon le conseil de ne pas perdre entièrement de vue le tableau achevé, surtout s'il est exposé aux intempéries de l'air. Au bout de quelques mois, ou aussi d'un an, on devrait essayer s'il est absorbant. S'il l'est, c'est que, par la contraction continue du verre soluble, il s'est formé plus ou moins de pores qui, à la vérité, n'occasionnent pas de tort réel, mais dont le remplissage avec du verre soluble à fixer ne peut qu'être avantageux ; car plus on introduit de silice dans un tableau stéréochronique, plus il est solide et durable. Je conseille donc de ne point négliger la refixation de ces tableaux, surtout de ceux qui sont appliqués aux murs extérieurs, du moment que l'opération se fait facilement.

Il n'a été jusqu'ici question que de peinture stéréochromique sur murailles neuves, exemptes de crépi et pourvues d'un surfond et sous-fond frais. Il se présente une autre question, et elle m'a été adressée quelquefois, celle de savoir si l'on ne peut pas peindre stéréochromiquement, de but en blanc, sur des murailles déjà vieilles et enduites de crépi de mortier. Je ne puis répondre affirmativement à cette question que sous condition. Si le crépi, frotté avec de la pierre de sable raboteuse et convenablement égalisé, se montre suffisamment absorbant et adhérent aux pierres du mur, tout à fait sec et débarrassé de pourriture ; bref, si le mur est *sain*, il n'y a pas de motif pour qu'on ne puisse pas peindre avec succès, après avoir auparavant bien imprégné le mur de verre soluble. Je m'appuie sur une expérience que j'ai faite en compagnie de M. Zimmermann, et feu M. Krotz, professeur à l'École industrielle de Munich. Nous désirions faire l'essai d'un tableau stéréochromique appliqué à une face extérieure d'un vieux bâtiment grandement exposé aux intempéries de l'air. M. Himbsel, architecte, se rendant à notre vœu, nous chargea d'exécuter deux tableaux religieux sur un mur de sa campagne dont la construction remontait à vingt ans environ.

Après un examen attentif, nous trouvâmes les murs en bon état, le mortier riche en chaux, solidement adhérent (ce dont nous nous sommes convaincus au moyen d'un petit marteau), mais en même temps si ferme qu'après l'avoir frotté avec une pierre de sable très-raboteuse il ne se montrait pas suffisamment absorbant. Nous ne renonçâmes pourtant pas à notre projet ; nous prîmes de l'acide phosphorique étendu de sept parties d'eau, et humectâmes deux fois de suite la paroi qui devait recevoir le tableau. Après la dessiccation, le mur était assez absorbant pour qu'on pût entreprendre la peinture sans hésitation. M. de Zimmermann exécuta sans difficulté les deux tableaux. On les fixa convenablement, opération qu'on reprit l'année suivante. Il y a de cela cinq ans, et ils ne montrent pas encore la moindre altération. J'en reparlerai plus loin.

Ce succès me conduisit à penser qu'on pourrait peut-être convertir, par une application habile du verre soluble, des tableaux en fresques en tableaux stéréochromiques, et leur communiquer la durée de ceux-ci. Comme jusqu'ici je n'ai pas encore eu l'occasion de faire ce genre d'essais, je ne saurais décider s'il est susceptible de succès. A défaut d'expérience, je ne puis que donner mon opinion sur ce qu'il y aurait à faire.

Il faudrait d'abord, au moyen d'une seringue, asperger l'image avec de l'eau acidulée au moyen de l'acide acétique, afin de faire disparaître la poussière, la crasse, et particulièrement la fine pellicule de carbonate de chaux formée à la surface des couleurs et qui empêche l'absorption. On l'aspergerait ensuite fortement avec de l'eau pure pour faire disparaître l'acétate de chaux, qui ne se combinerait pas avec le verre soluble. On se garderait d'employer un acide plus énergique, parce qu'il décolorerait l'outremer et changerait le rouge de chrome en jaune. Il faudrait n'employer qu'avec précaution l'acide acétique délayé, frotter légèrement au moyen d'une éponge imbibée de cet acide, et, en général, n'en faire qu'un usage discret, parce qu'autrement les couleurs se ramolliraient par l'action de l'acide carbonique qui se détache après qu'on a éloigné le moyen liant, et elle n'adhéreraient plus sur le fond. Il ne s'agirait plus, après cela, que de mouiller suffisamment le tableau avec du verre soluble.

Les tableaux à fresques ne sont pas de longue durée dans nos climats; nous en avons une preuve manifeste dans un grand et beau tableau à la Porte d'Isaar, à Munich, représentant l'entrée de l'empereur Louis de Bavière après la bataille d'Ampfing : il a été peint il y a environ vingt ans,

6

et a déjà tant souffert que, si l'on n'y porte remède, il sera entièrement détruit dans peu d'années. Observez qu'il est dans une situation très-favorable, à l'est, sous l'arcade de la porte, conséquemment à l'abri des intempéries, et qu'il ne peut arriver d'humidité d'en bas par le mur.

Qu'y a-t-il à faire pour sauver ce tableau de l'anéantissement?

Il s'agit de savoir jusqu'à quel point la destruction en est avancée ; si elle n'a atteint que la surface ou si elle a pénétré plus profondément ; s'il s'est formé des crevasses et des fentes ; si de certaines parties sont tombées. C'est d'après ces données qu'il faut diriger l'opération, opération que l'on abandonnera au jugement de celui à qui la restauration sera confiée. Je ne puis qu'ajouter que je ne connais pas d'autre remède que le verre soluble et le mortier fait de ce verre, l'un pour fixer les couleurs et le fond, l'autre pour combler les crevasses et les cavités sur lesquelles il s'agirait de repeindre. Si, par ledit traitement, le tableau n'était pas restauré dans sa perfection primitive, on aurait toutefois atteint un but, celui que la destruction ne s'étendra pas plus loin.

La Stéréochromie n'existant que depuis fort peu de temps, et bataillant encore pour sa propre existence, il est évident qu'elle n'a pas atteint le dernier degré de perfection; passant entre de nombreuses mains, elle subira encore bien des perfectionnements et ses avantages s'augmenteront de beaucoup.

Le surfond, ou le fond sur lequel on peint, mérite une attention particulière. Je me suis donc efforcé d'en trouver un meilleur que ceux qu'on a eus jusqu'ici, et je crois avoir réussi à en faire un qui répond à toutes les exigences : il n'est autre que le mortier de verre soluble.

D'après mes essais, ce mortier doit se composer des substances suivantes : poudre de marbre, poudre de dolomie et sable de quartz avec chaux réduite en poudre par l'air. Il est également bon d'ajouter aux deux premières poudres un peu de cette chaux ou une faible portion de blanc de zinc, afin de lier plus sûrement et plus solidement le verre soluble qu'on applique ensuite. Je recommande un bon mélange. Les ingrédients de ce mortier ne diffèrent pas essentiellement de ceux qui ont servi jusqu'à cette heure à faire le surfond; il n'y a de différent que la manière de le préparer.

Le mortier de verre soluble a, sous bien des rapports, des avantages marqués sur le mortier à la chaux. Le procédé en est fort simple, en sorte que tout maçon quelque peu habile peut le preparer; une erreur est à peine possible, les matériaux choisis restant toujours les mêmes; le verre soluble est également réparti dans toute la masse, en sorte qu'il y a partout une combinaison uniforme, ce qui est à peine possible dans l'autre mortier, auquel on n'ajoute le verre soluble qu'après coup ; le rapport quantitatif du verre se détermine pour ainsi dire par lui-même, puisqu'il ne faut y ajouter que ce qui est nécessaire pour donner à l'ensemble la consistance de mortier convenable. Dans la fréquente humectation du fond pendant qu'on peint, il ne peut pas se dégager de chaux qui se rendrait à la surface, ce qui troublerait les couleurs, et cela par la raison qu'il n'existe pas de chaux soluble; il ne peut pas non plus se former de croûte de chaux comme dans l'autre mortier, qu'il faut faire disparaître par le polissage avant de lui faire absorber le verre soluble.

Cette circonstance enfin se présente, que le verre soluble dont ce mortier est rempli entre en communication immédiate avec le sous-fond; que par là les deux se confondent, pour ainsi dire, tandis que, dans le procédé en usage jusqu'ici, on n'était jamais certain que le verre soluble pénétrât assez dans le surfond pour atteindre partout le sous-fond.

Si ce mortier est partout appliqué par couches également épaisses et bien égalisé, on le fait sécher et il devient dur comme la pierre. Au commencement, il se présente peu ou point absorbant, ce qui est convenable, attendu que tous les espaces sont remplis de verre soluble; mais après quelques jours, si l'air est chaud et sec, il acquiert cette qualité à un degré satisfaisant, et diminue néanmoins sensiblement de solidité à cause de la contraction du verre soluble; il faudra conséquemment l'imbiber une ou deux fois de verre soluble étendu de 1/2 partie d'eau; mais on doit user de précaution pour ne pas fermer les pores par l'emploi d'une trop grande partie de verre soluble, ce qui contrarierait beaucoup l'opération du peintre (la combustion d'esprit-de-vin sur un fond ainsi formé obvierait peut-être à cet inconvénient).

Si, sur la surface, du carbonate de soude s'effleurit, c'est un signe que le mortier lie bien. Le sel qui s'en dégage peut s'enlever facilement avec une éponge mouillée, ce qui rend le fond plus solide encore qu'il n'était précédemment. Le fond étant achevé, on peut commencer et continuer à peindre d'après la méthode suivie jusqu'ici.

M. Echter exécute en ce moment un tableau de chevalet sur du mortier de verre soluble ; le travail réussit. Il se sert d'une tablette en terre cuite haute de 3 pieds 4 pouces, et large de 3 pieds, et d'une épaisseur de 1/2 pouce. Celle-ci ayant été suffisamment imprégnée de verre soluble, il y appliqua, comme fond pour la peinture, du mortier de verre soluble à une épaisseur d'une ligne, ensuite il égalisa bien. La peinture marche si correctement sur ce fond que M. Echter ne paraît pas en désirer de meilleur.

Le mortier de verre soluble employé dans cette occasion fut détrempé avec de la dolomie en poudre, dont on avait séparé la poudre la plus fine au moyen d'un tamis fin, et auquel on avait ajouté une partie de chaux délitée à l'air. Ayant acquis la consistance du mortier ordinaire, ce mortier fut appliqué convenablement sur la tablette par couche d'une ligne et bien imprégnée de verre soluble étendu de parties égales d'eau[1].

On a parlé aussi de la chaux hydraulique comme matière à faire le fond pour peinture, parce qu'avec un peu de verre soluble il forme une masse d'une solidité remarquable qui absorbe bien et favorise beaucoup l'attraction de la chaux hydraulique, qui autrement ne possède guère cette qualité. Une partie de verre soluble solide avec quinze parties de chaux hydraulique suffisent, ainsi que l'a prouvé Fentstinger après de nombreuses expériences. Une quantité de verre plus grande nuit plutôt qu'elle ne profite. Mais comme le mortier de verre donne tous les résultats qu'on est en droit d'attendre, et qu'on a tout en main pour se le procurer, je ne voulais pas m'occuper de la susdite matière, d'autant plus qu'il est dif-

1. Ce tableau a été, entre temps, heureusement exécuté. L'artiste avait choisi pour sujet la *Madona della Sedia* de Raphaël. Le tableau appartient au roi Maximilien de Bavière, et se trouve au jardin royal d'hiver. (Docteur M. Pottenkofer.)

ficile de se la procurer d'égale condition, et qu'on n'est conséquemment pas toujours sûr d'une réussite certaine. Je me permets, du reste, de faire remarquer que, dans mon traité *sur la chaux et le mortier*, j'ai déjà mentionné les services que le verre soluble peut rendre à la chaux hydraulique [1].

Il a déjà été observé plus haut que la Stéréochromie ne se borne pas seulement à la peinture murale, mais qu'on peut l'appliquer à différents autres sous-fonds, et rétablir d'une manière durable des tableaux de chevalet stéréochromiques.

1. A la page 49 de ce traité, il est dit :

« Un excellent moyen de préserver ce mortier ou tout autre mortier hydraulique de la destruction, et de l'amener en peu de temps à un état de grande solidité, est la dissolution de verre soluble. Si on l'en enduit, après avoir préalablement absorbé quelque peu, et avant qu'on y laisse agir l'eau, celle-ci n'exercera plus sur lui la moindre influence. Il se couvre d'une croûte dure, derrière laquelle la chaux et le ciment peuvent continuer tranquillement et sans obstacle leur influence mutuelle. De petites épreuves que je mettais dans une dissolution de verre soluble très-liquéfiée devinrent, au bout de deux à trois jours, tellement dures à la surface, qu'on ne pouvait plus les rayer avec l'ongle. La fluidité, qui autrement est toujours troublée par la chaux s'évaporant du mortier, reste parfaitement claire. Ce moyen, d'un assez bas prix, pourrait donc être employé avec avantage dans bien des cas. »

Je crois devoir parler plus longuement sur ce sujet. Aux meilleurs sous-fonds servant à cette fin appartient tout ce qui est fabriqué avec de la terre de poterie faiblement cuite et seulement au point qu'elle s'imprègne encore bien, par exemple des tablettes en terre, des vases en terre, des poêles en terre, etc. On peut y appliquer la peinture immédiatement ou médiatement, puisque suffisamment imbibés de verre soluble, il n'y aurait aucun motif pour que les couleurs n'y adhérassent pas aussi bien que sur un fond de mortier quelconque. Il serait cependant préférable de leur appliquer une mince couche de mortier de verre soluble, parce qu'on peut plus facilement établir une surface unie et également raboteuse comme étant la plus propre à la peinture. On peut bien exécuter sur des tablettes en terre des tableaux de chevalet d'une certaine étendue ; il n'y a qu'un inconvénient : c'est que, passé une certaine grandeur, on les manie difficilement à cause du poids, et qu'un accident les détruit, comme la chose est arrivée naguère à M. Echter avec un tableau fait de main de maître qui, en tombant, s'est brisé en mille morceaux.

Ces tablettes ne doivent pas avoir plus de trois quarts de pouce d'épaisseur, ni être trop cuites pour pouvoir absorber. La surface doit être uniforme, mais raboteuse et non lisse.

Imbibées souvent avec du verre soluble double, elles acquièrent une solidité qu'on n'obtient pas par une forte cuisson. Si par une forte imbibition elles perdent la qualité d'absorber, il ne faut pas les chauffer pendant quelque temps pour la regagner de nouveau. On obtient le même résultat en y faisant brûler de l'esprit-de-vin.

Si l'on veut y peindre immédiatement avec succès, on n'a qu'à ajouter aux couleurs, surtout aux maigres, un peu de verre soluble à fixer. La suite du procédé s'entend de lui-même. On peint de la même manière que sur les tablettes de terre cuite sur différents autres objets en terre cuite, tels que figures, ornements, bases, vases en terre cuite, etc., lesquels objets gagneront par là beaucoup en beauté et en solidité. Il faudrait, en tout cas, avoir égard à l'argile dont on voudrait se servir pour ces objets.

Les poêles ordinaires en terre cuite méritent, sous ce rapport, des considérations toutes particulières; on leur donne une apparence agréable par la peinture ou l'enduit.

Je crois qu'en ceci l'art trouverait mainte occasion d'orner de cette manière nos habitations, de stimuler le sens du beau et de former le goût, ce en quoi le dessin, la forme et la couleur agissent ensemble, et potier et peintre doivent se donner la main.

Pour me convaincre de la praticabilité, je fis enlever du poêle peint en noir de mon laboratoire un carreau et y replacer un de la même terre, lequel, après imbibition suffisante de verre soluble, fut enduit, au moyen de diverses couleurs délayées d'un peu de verre soluble, en raies sous forme de cerceaux, couleurs qu'on fixa ensuite jusqu'à saturation.

Le poêle chauffé quelquefois, les couleurs n'étaient plus aussi adhérentes qu'au commencement, en sorte qu'il fallait les fixer de nouveau ; opération qu'on a dû répéter encore quelquefois à la suite.

Ceci fait voir comment la contraction du verre soluble augmente par la chaleur. J'eusse mieux fait si, avant le placement du carreau, je l'avais imbibé et séché alternativement et souvent avec du verre soluble pour lui en faire absorber la plus grande quantité possible. Je donne ce conseil à tous ceux qui veulent faire un essai semblable ou entreprendre une exécution pratique. Les couleurs adhérèrent si solidement, durant deux hivers et sous une chaleur très-forte, qu'on avait de la peine à les détacher.

M. Von Dyk, conseiller supérieur de la poste, nous a enseigné à enduire la fonte de fer stéréochromiquement et avec succès.

Il a fait enduire, il y a trois ans, et sur la proposition du professeur Pottenkofer, les poêles en fer de fonte de ses bureaux sur les faces unies avec du *caput mortuum*, et les encadrements et ornements sur les endroits proéminents avec du blanc de zinc. Cet enduit s'est bien conservé jusqu'ici.

M. Von Dyk a fait l'expérience intéressante que l'enduit n'adhère bien que si le fer est d'une certaine chaleur (à y tenir la main), mais qu'il se détache aussitôt que le poêle est chauffé si l'on opère à une température moindre.

La cause de cette différence consiste sans doute

en ce que, par une température élevée, les pores du fer s'ouvrent quelque peu, que l'air qui s'y trouve se raréfie et en est chassé en partie, en sorte que l'enduit, c'est-à-dire le verre soluble, peut mieux s'adapter.

Ceci me conduit à fixer l'attention sur une circonstance qu'on n'a pas prise en considération jusqu'à cette heure en fixant le fond de peinture et les tableaux stéréochromiques, à savoir la température dans laquelle on opère, et surtout que possède en ce moment le verre soluble.

J'ajouterai quelques mots à ce sujet. C'est une affaire capitale que le verre soluble pénètre uniformément et profondément pour opérer une union forte et égale dans toutes les parties. C'est là la raison pour laquelle le verre soluble doit être étendu plus ou moins d'eau. Comme, ainsi que d'autres fluides, il devient, quand il est chauffé à environ 30 ou 40 degrés Réaumur, considérablement plus liquide, il doit aussi beaucoup plus facilement pénétrer dans les masses poreuses et chasser l'air des interstices que cela n'a lieu par une température ordinaire. On peut donc obtenir la liquidité du verre soluble en partie par la chaleur, ou remplacer une partie de l'eau par la chaleur, ce qui, on le conçoit, doit être fort avantageux pour les objets à fixer. Cet effet de la chaleur se fera surtout bien voir si ces objets sont en même temps chauffés, en sorte qu'en poursuivant avec soin et attention ce traitement, on arrive à une solidité et une durée qui ne le cède guère à la mosaïque.

Si la fixation se fait au moyen de la seringue, on peut chauffer celle-ci en la plongeant dans de l'eau chaude.

Quant à la caléfaction du corps qu'il s'agit de fixer, on ne peut rien faire de mieux qu'en faisant brûler dessus un peu d'esprit-de-vin. Ceci ne peut avoir lieu au commencement pour les couleurs à l'eau qui n'adhèrent que faiblement, mais seulement alors qu'elles auront été fixées comme à l'ordinaire avec du verre soluble. Les locaux dans lesquels se trouvent les objets à fixer doivent être maintenus dans une température chaude.

On se sert aussi comme fond, pour les tableaux stéréochromiques, de tablettes de pierre calcaire lithographique ; pour les premiers essais, on n'a même pas pris autre chose. Mais pour y bien fixer le fond de la peinture, il faut lui donner un enduit mince de mortier de verre soluble à grains de sable un peu gros. Celui-ci étant bien séché, on applique le fond servant à la peinture. Les tablettes de marbre, traitées d'abord avec de l'acide phosphorique, s'annexent facilement les couleurs mêlées de verre soluble, les fixent bien, et il est plus que probable qu'on peint dessus stéréochromiquement sans autre forme de procès.

On conçoit sans peine qu'on peindra également stéréochromiquement sur les plaques de schiste bien préparées. Cette pierre a l'avantage sur les tablettes d'argile et de pierre calcaire d'être moins cassante et de pouvoir être moins épaisse. Ici, à Munich, on n'en n'a pas encore fait l'essai [1]. Sur le grès poreux, ainsi que sur la pierre calcaire poreuse bien imbibée de verre soluble, on peint sans doute stéréochromiquement, soit immédiatement, soit médiatement. Quant à moi, je ne

1. Les tableaux sur tablettes peuvent être incrustés dans les parois des murailles, de telle façon qu'ils ont l'apparence d'y avoir été peints immédiatement. Si on les y a bien fixés ils sont garantis contre tout accident, et le propriétaire désirant, à la vente de sa propriété, les emporter, pourra même les enlever, sans les endommager le moins du monde.

vois pas pourquoi la chose ne serait pas faisable.

On n'a pas encore essayé de peindre un tableau stéréochromique sur *du bois ;* cependant on s'est déjà servi bien des fois, et avec succès, du verre soluble avec les additions nécessaires pour faire sur le bois des enduits avec l'une ou l'autre couleur. Puisque, imbibé de verre soluble, il s'assimile très-bien le mortier de verre soluble et le lie très-solidement, on peut, après y avoir appliqué une mince couche de verre soluble comme fond, peindre aussi bien que sur tout autre fond. Ce procédé pourrait être suivi en beaucoup de cas.

Je dois abandonner pour le moment la question de savoir si l'on peut peindre sur *verre* un tableau stéréochromique transparent. Peindre médiatement sur verre ne présente pas de difficulté, car le mortier de verre soluble sur lequelle il s'agirait de peindre lie extrêmement bien.

Il serait très-désirable qu'on pût se servir de la toile comme fond pour la peinture stéréochromique, parce qu'on pourrait alors exécuter des tableaux d'une plus grande étendue, par exemple des tableaux d'autel, à cause de la légèreté et de la flexibilité du matériel. Les nombreux essais déjà faits n'ont pas donné des résultats satisfaisants. On les continue encore.

Il convient de dire encore quelques mots relativement aux couleurs dont on se sert ou dont on peut se servir en Stéréochromie. La série des couleurs pouvant servir est tellement grande qu'il ne peut pas être question de limite en ce genre de peinture.

On trouve en tout temps un assortiment complet chez M. Ch. Buchner, fabricant de produits chimiques à Munich, savoir :

1. Blanc de Munich.
2. Noir de Munich.
3. Brun de Munich.
4. Vert de chrome.
5. Vert de cobalt, clair et foncé.
6. Rouge de chrome.
7. Oxyde de fer rouge clair, foncé, violet et brun.
8. Jaune de cadmium, clair et foncé.
9. Jaune de chrome, nouvelle espèce.
10. Outremer.
11. Ocre claire; *idem* brûlée,
12. Ocre couleur de chair.
13. Ocre d'or; *idem* brûlée.
14. Terre de Sienne; *idem* brûlée.
15. *Ombre* (terre d'); *idem* brûlée.

Et, en outre, la dissolution de verre soluble ordinaire et particulièrement celle nécessaire à la fixation des couleurs.

D'autres couleurs non consignées ici peuvent être également fournies pour autant qu'elles sont propres à la Stéréochromie. Je dois remarquer à ce sujet que toutes ces couleurs, je m'en suis convaincu par moi-même, sont de la meilleure qualité et ne présentent aucun inconvénient dans l'application.

On n'admet aucune couleur provenant du règne organique, parce que toutes pâlissent tôt ou tard, comme c'est le cas avec la laque en boules. Il faut rejeter également le cinabre, parce que dans la lumière il devient d'abord brun et finalement tout à fait noir[1].

Les couleurs doivent être broyées le plus finement possible, parce qu'elles deviennent ainsi plus malléables et se fixeront mieux. Le rouge de chrome fait exception; par un broiement trop continu, il devient jaunâtre.

1. Le cinabre devenu noir est du mercure sulfuré amorphe que l'on pourait peut-être (chose qui n'est pas sans intérêt) enterrer pendant un an, soustraire totalement à la lumière et convertir de nouveau en mercure sulfuré cristallin, c'est-à-dire en cinabre rouge.

Le bleu de cobalt apparaît après la fixation beaucoup plus clair, et l'ocre claire bien plus foncée. Ces deux couleurs ne sont donc pas à recommander dans ce genre de peinture.

Il est à remarquer, en général, que le ton des couleurs se modifie plus ou moins dans l'opération de fixer, et qu'ensuite le tableau se présente plus foncé et pour ainsi dire plus sévère; mais cette altération disparaît avec le temps.

Les couleurs doivent être de la plus grande pureté possible, surtout ne contenir rien qui ne se combine pas avec le verre soluble, c'est-à-dire qui produise une décomposition, une coagulation; par exemple, le gypse, l'acide sulfurique qui est souvent contenu dans l'oxyde rouge de fer (*colcothar, caput mortuum*), dans l'ocre jaune.

Je ne terminerai pas cet article sans dire quelques mots de cette méthode de peinture comparée à la peinture à fresques et de l'encaustique.

La particularité consiste en un moyen de lier différent de ceux en usage pour tous les autres modes de peinture, en sorte qu'on peut envisager la Stéréochromie comme mode de peinture tout à fait nouveau. Elle se distingue, abstraction faite de la perfection artistique, par le fond destiné à recevoir la peinture qui peut subsister sous tous les climats et résister à de nombreuses influences fâcheuses, telles que la fumée des vapeurs acides, les changements les plus brusques de la température, la grêle, etc., toutes choses fatales aux peintures à fresques. C'est pourquoi je lui ai donné le nom de *Stéréochromie*, déjà expliqué plus haut.

Ce moyen de lier, par lequel ne se fixe pas seulement le fond à peindre, mais par lequel celui-ci et les couleurs se fondent ensemble, se silicatisent et se pétrifient, constitue l'essence matérielle de ce mode de peinture, qui la rend très-supérieure à la peinture à fresques dont le fond est ordinairement du mortier de chaux.

La durée plus ou moins longue des tableaux à fresques dépend principalement de la qualité de ce fond, certainement plus que de l'art du peintre, auquel on a l'habitude d'attribuer toute la faute si l'œuvre ne réussit pas ou n'est pas de longue durée. La perte des fresques provient toujours, à mon avis [1], du fond; les fautes que le peintre peut commettre ne peuvent consister qu'en ce qu'il emploie des couleurs qui pâlissent ou se détériorent avec le temps. Dans les fresques que Cornelius exécuta à la Glyptothèque de Munich, il se présentait au commencement quelques défauts ; l'on fit à l'artiste le reproche de ne pas comprendre ce mode de peinture. Invité à donner mon avis, j'ai examiné le fond de mortier, que j'ai trouvé friable et contenant beaucoup de sulfate de magnésie. Sur mon conseil, ce fond fut abattu et remplacé par un nouveau, pour la préparation duquel on a pris du sable lavé et de l'eau distillée. Dès ce moment, il ne s'éleva plus de plaintes, et les tableaux, autant que je le sais, se sont bien conservés jusqu'à ce moment. Il importe, du reste, aussi beaucoup pour la durée quelle chaux on emploie au fond : la chaux dé-

1. Les fresques de notre nouvelle Pinacothèque (à Munich) furent peintes sur un fond préparé par mon ordre avec du sable lavé et de l'eau de pluie, parce qu'il avait été décidé d'abord que les tableaux seraient peints en stéréochromie. Ce plan ayant été abandonné, les fresques profitèrent du fond, et elles se conserveront, il faut l'espérer, plus longtemps que les tableaux qui se trouvent à l'Isaarthor (Porte d'Isaar).

trempée vaut mieux que celle fraichement dissoute; la chaux maigre, mieux que la grasse; celle qui contient de la magnésie, de l'oxyde de fer et de l'oxyde de manganèse, mieux que la chaux pure.

L'Encaustique a deux ennemis : le fond de mortier et les matériaux provenant du règne organique dont on se sert pour peindre, et qui, selon les lois naturelles, sont soumises à la destruction.

Il n'y a pas de doute que les tableaux à fresques se conservent mieux et plus longtemps dans les pays méridionaux, par exemple, en Italie, que dans ceux du Nord, dans notre climat rude; mais la dent rongeuse du temps n'est pas restée inactive dans ceux-là; c'est ce que prouvent les fresques de Raphaël dans les loges du Vatican, qui, à ce qu'on me rapporte, sont déjà entamées très-sensiblement. On a en conséquence jugé nécessaire de chercher des remèdes qui empêchent la propagation du mal.

Pour se convaincre des avantages de la Stéréochromie, on a soumis des tablettes d'essai aux plus grandes tortures : on les exposa pendant des semaines à la pluie et aux frimas ; l'on fit dégeler près du poêle la glace qui s'y était formée ; on les arrosa d'eau et on les remit dans le froid de glace. Elles n'éprouvèrent pas le moindre dommage, tandis que les fresques traitées de la même manière devinrent tout à fait friables et tombèrent en pièces et morceaux.

A Berlin, on a placé un petit tableau stéréochromique au toit du Musée royal, près de la cheminée, où l'atteignait la fumée épaisse de la houille, et on l'y a laissé tout l'hiver. Enlevé au printemps, il paraissait entièrement détruit ; mais débarrassé de la crasse au moyen d'esprit-de-vin, il reparut dans toute sa beauté primitive. Un petit tableau (deux paons), sur le côté occidental de l'ancien atelier de M. de Kaulbach, près du sol, s'est bien conservé pendant neuf ans, bien que le mur soit entièrement humide et caché en été par des arbustes et broussailles. Chose digne de remarque, l'humidité et l'efflorescence du mur n'ont, pendant ce long espace de temps, presque pas fait de tort au tableau.

Une autre preuve de la persistance de la Stéréochromie est fournie par les deux tableaux de

M. Himbsel, au lac de Staremberg, déjà mentionnés. Ils ont actuellement six ans d'existence, et sont encore frais et inaltérés comme s'ils venaient de sortir du pinceau de l'artiste, défiant toutes les intempéries, car la pluie y est lancée par le vent d'ouest venant du lac avec force, en sorte qu'elle découle du mur par torrents et qu'en hiver il s'y forme parfois même des croûtes de glace.

La Stéréochromie offre des avantages précieux à l'artiste ; il a l'opération de peindre entièrement en son pouvoir ; il est maître des matériaux, tandis que dans la peinture à fresques, il est lui-même au pouvoir de ce mode de peinture ; il peut à son gré interrompre et reprendre son ouvrage après un temps plus ou moins long ; avant de le fixer, il peut retoucher le tableau tant que bon lui semble. De cette façon, il peut atteindre les tons les plus fins, l'équilibre le plus délicat entre la lumière et l'ombre, l'accord ou l'harmonie des couleurs, en un mot la plus grande perfection dans son tableau. Pour atteindre ce but, il est utile d'éviter les couleurs surabondamment brillantes, d'établir par un choix habile des tons moyens et liants l'harmonie des couleurs, qui serait détruite par la juxtaposition des couleurs précisément les plus tranchantes.

De cette manière seulement on réussit à donner à l'image cet ensemble harmonieux qu'exige l'objet qu'on représente.

Elle a de commun avec les fresques, et de supérieur à la peinture à l'huile, que les tableaux ne sont pas brillants, et que le spectateur peut les voir dans leur ensemble dans toute position.

Je termine l'article concernant la Stéréochromie, renfermant un travail qui m'a coûté plus de peines et de temps, joints à des débours non insignifiants, que la plupart de mes autres travaux ensemble, comme peuvent le témoigner plusieurs de mes amis dont quelques-uns même m'ont assisté dans les positions difficiles. Je leur exprime ici ma reconnaissance la plus sincère. Avant tout, je remercie Dieu pour la grâce qu'il m'a faite, à moi serviteur plus ou moins fragile et aussi actuellement affaibli par l'âge, d'amener mon travail sur le verre soluble et ses applications utiles à un point tel que d'autres pourront facilement continuer ma tâche et travailler à son progrès.

Au Donateur de tout ce qui est bon je porte en offrande ce travail et tout le mal qu'il m'a fait endurer.

Omnia ad majorem Dei honorem et gloriam!

J.-N. Fuchs.

Munich, 20 novembre 1855 [1].

1. Le lecteur n'aura pas la continuation des applications du verre soluble promise par le savant explorateur. Dans les paroles finales de l'article présent, Fuchs a exprimé, à ne pas s'y méprendre, le pressentiment de sa mort prochaine, et cet homme qui n'a *jamais* trompé les autres, et qui s'est trompé rarement lui-même, avait encore raison en ceci. Il est mort le 5 mars 1856, âgé de quatre-vingt-deux ans. Ce que Fuchs a fait pour la science et la patrie, deux de ses élèves et amis l'ont fait connaître d'une manière distinguée : le professeur docteur de Kobell, dans une oraison commémorative prononcée le 28 mars 1856, le jour de la fondation de l'Académie royale des sciences de Bavière, et le professeur docteur Kaiser, dans un appel posthume inséré dans le *Kunst und Gewerbeblatt.*

(*Note du docteur M. Pettenkofer.*)

Tous les hommes généreux s'associeront aux regrets si noblement exprimés par M. le docteur M. Pettenkofer. En payant mon modeste tribut à la mémoire de notre maître, je dois ajouter que continuateur zélé de l'œuvre de Füchs, il a apporté à la réalisation des idées de ce savant une persévérance d'études techniques qui ont amené l'art de la Stéréochromie à une perfection et à une facilité d'exécution telles que je puis avoir confiance de la voir bientôt adoptée en France. J'espère atteindre le but que je me suis proposé en entreprenant ce travail, car en me montrant le mécanisme ingénieux au moyen duquel il injecte le silicate utile pour fixer les tableaux, M. le docteur Pettenkofer a promis de m'initier à tous les nouveaux moyens d'exécution découverts par lui, tant pour l'application du sous-fond que pour l'application et la fixation des couleurs.

J'ai vu chez lui un charmant tableau peint d'après ces derniers perfectionnements ; cette œuvre sortie du pinceau de M. J. Mühr, élève de M. de Kaulbach, est ravissante, et rien, je pense, ne peut mieux en faire comprendre la beauté qu'en la comparant à celle de la broderie la plus parfaite des Gobelins. On pourra bientôt apprécier en France le mérite et la perfection de la peinture stéréochromique, puisque M. Michel Echter, artiste distingué, dont le nom a été si souvent répété par Füchs, m'a promis un petit tableau peint par ce procédé.

Engagé à réunir les feuilles de cette traduction, j'y ajouterai, avec la biographie de l'auteur, les dernières notes de M. le docteur Pettenkofer et quelques observations sur les causes d'altération auxquelles sont soumis la plupart des matériaux employés dans les constructions publiques et privées, en attendant que, dans un travail plus complet, je puisse satisfaire le désir qui m'a été exprimé si souvent, et tout en remplissant un devoir, éclairer l'opinion sur la valeur des prétentions d'invention qu'on a osé produire en France par rapport à la *Silicatisation* découverte par Füchs, et *que j'ai appliquée le premier à la conservation des monuments.*

LÉON DALEMAGNE.

Paris, le 1er mai 1861.

Ayant été pressé de reproduire les feuilles détachées publiées sur la *Stéréochromie*, j'ai dû les donner telles qu'elles avaient paru dans l'*Ami des Sciences*. On ne pourra avoir la biographie de Füchs et les notes de M. le docteur Pettenkofer qu'avec le travail destiné à faire suite à cette première publication ; mais alors je pourrai ajouter à la traduction des ouvrages de Füchs, surtout ce qui a rapport à l'application de son invention aux bois, mortiers, matériaux de construction, etc. :

1° Un aperçu historique de tous ses travaux et celui des divers procédés employés depuis la découverte du verre soluble, en établissant leurs rapports avec les indications de ce savant.

2° Un exposé aussi complet que possible de toutes les expériences et travaux faits en Allemagne, en Angleterre et en France, ainsi que des résultats obtenus et constatés par ordre de date, en les accompagnant d'observations qui indiqueront rigoureusement la part revenant à chacun, et d'analyses qui pourront, je l'espère, faciliter le développement des applications de cette précieuse découverte. L. D.

TABLE

Paris. — Imprimerie Bailly, Divry et Ce,
rue N.-D. des Champs, 49.

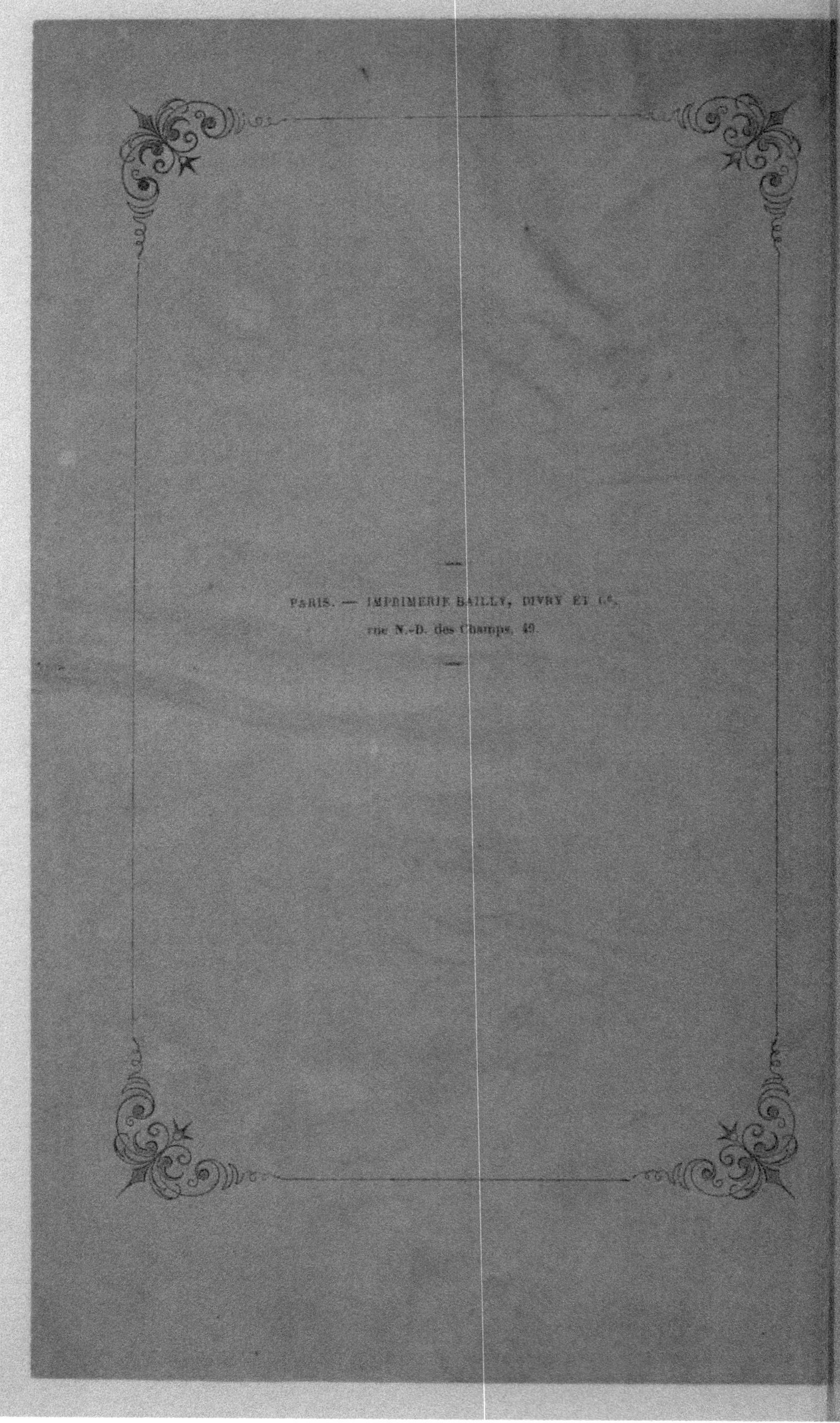

PARIS. — IMPRIMERIE BAILLY, DIVRY ET Cie,
rue N.-D. des Champs, 49.

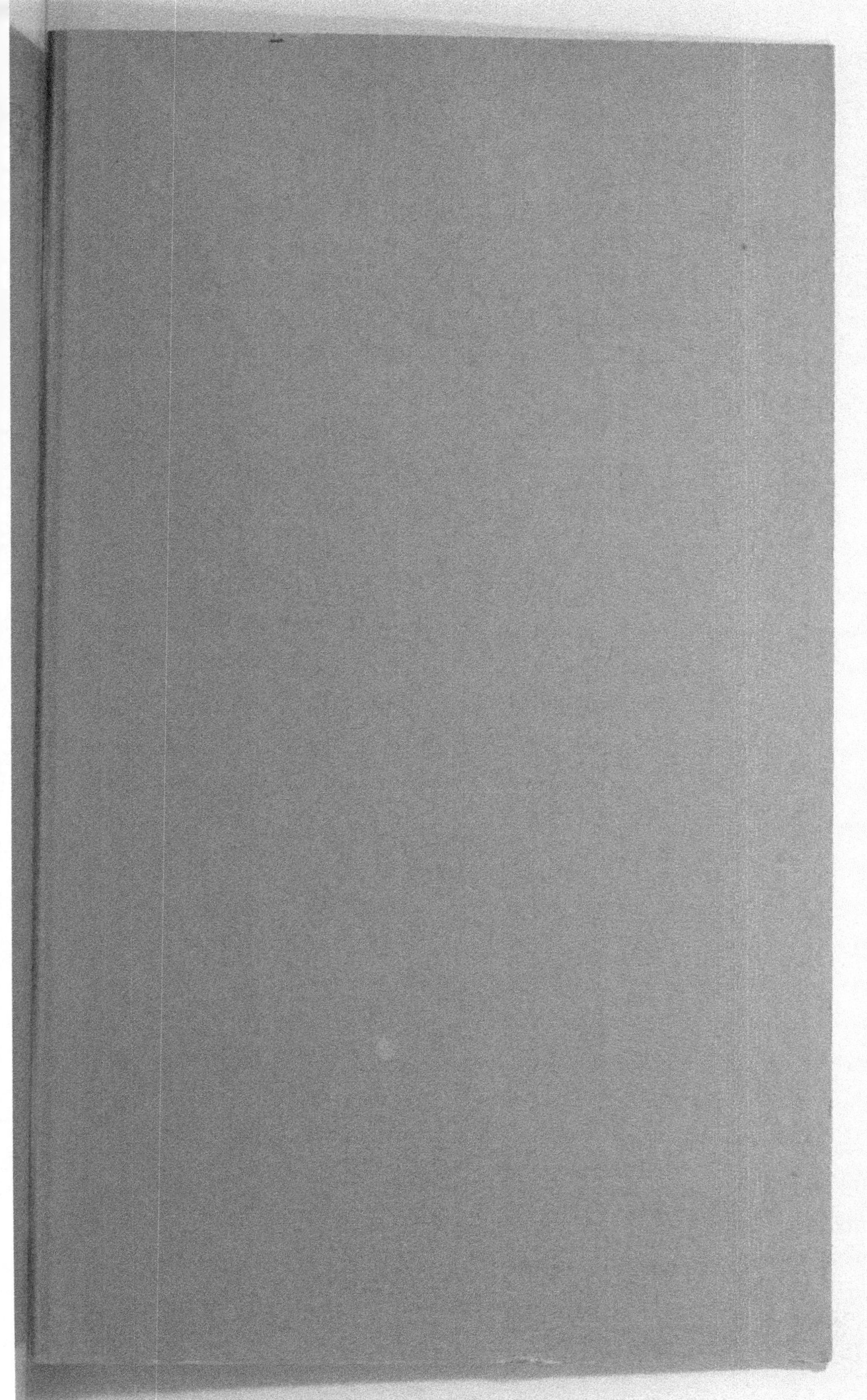

www.ingramcontent.com/pod-product-compliance
Ingram Content Group UK Ltd.
Pitfield, Milton Keynes, MK11 3LW, UK
UKHW021102260726
13994UKWH00002B/662

9 782329 256337